성과 사랑

성과 사랑

유럽 정신사의 기본 개념 8

지은이 알리스 페흐리글 | 옮긴이 백인옥 | 처음 찍은 날 2015년 5월 20일 | 처음 펴낸 날 2015년 5월 27일 | 펴낸곳 이론과실천 | 펴낸이 김인미 | 등록 제10-1291호 | 주소 (121-842) 서울시 마포구 잔다리로 71 (서교동, 아내뜨빌딩) 503호 | 전화 02-714-9800 | 팩스 02-702-6655

Eros (Grundbegriffe der europäischen Geistesgeschichte, 10 vol)
By Alice Pechriggl, edited by Konrad Paul Liessmann

ISBN 978-89-313-6062-2 04160
978-89-313-6054-7 (전10권)

*값 9,800원
*잘못된 책은 바꿔 드립니다.

유럽 정신사의 기본 개념
08

성과 사랑

Eros

콘라트 파울 리스만 편저
알리스 페흐리글 지음 | 백인옥 옮김

이론과실천

일러두기

1. 각각의 인용문 뒤에는 원저에 관한 정보가 있다. 예) (플라톤 1991a, 202) 맨 뒤 참고 문헌에서 괄호 안의 저자와 해당 연도를 찾으면 자세한 책 정보를 확인할 수 있다.
2. 단어에 대한 이해를 돕고자 설명이 필요한 곳에 * 표기를 하고 옮긴이 주를 두었다.

차례

왜 에로스인가?

에로스의 프로필

부록

왜 에로스인가?

"말해줘요, 사랑을, 난 설명할 수 없으니까요."

●

"말해줘요, 사랑을, 난 설명할 수 없으니까요."

철학은 예로부터 에로스의 의미론적 감정적 에너지 영역으로부터 영양분을 공급 받고 있다. 이 에로스가 우주론적으로나 인류학적으로 이해되든, 성적인 욕망 또는 '친애親愛, philia'로 승화된 존재로든 말이다. 이와 동시에 이 욕망하는 충동orexis의 힘으로서의 에로스는 언제나 대립되는 개념과 관련이 있는데, 하나는 타나토스Thanatos(죽음)로, 다른 하나는 폴레모스Polemos(전쟁), 영혼의 내면에 잠복해 있으며, 궁극적으로 프로이트의 정신분석에서 죽음 충동 아니면 니르바나(열반) 원칙으로 핵심적 역할을 하는 스타시스Stasis(내전) 또는 에리스Eris(분쟁)로 불리는 것이다. 그 사이에 나르시시즘, 양가감정, 심리적 갈등 또는 분열 등이 있는데, 이 개념들은 인간 상호 간의 에로스가 성립하는 데 다소 걸림돌이 되지만 더 이상 에로스로부터 떼어놓고 생각할 수 없다.

철학적-정신사적 관점에서 에로스가 중심적 역할을 함에도 불구하고 특히 플라톤적인 성찰에서 에로스 개념에 대한 철학사적 논쟁은 오히려 비정통적인 것으로 여겨진다. 즉 처음부터 한 가지는 분명한 것처럼 보인다. 에로스는 아예 개념으로 설명될 수 없거나 개념화하기가 대단히 어렵고, 결코 체계적이고 정체성 논리라는 의미에서의 그런 개념으로 정리될 수 없다는 점이다.

이 책 서문 제목은 잉게보르크 바흐만*의 시 「말해줘요 내게, 사랑!」에서 따왔다. "말해줘요, 사랑을, 난 설명할 수 없으니까요." 사랑은 그 자체로 설명할 수 없는 것을 설명해야 한다는 것이다. 이 문장은 어느 면에서 의미론적 생략, 하나의 순환운동을 나타내는데, 이 동작 속에는 그 원을 채울 무언가가 결여되어 있다. 이 구절은 이렇게 읽을 수도 있다. "말해줘요, 사랑을, 난 설명할 수 없으니까요." 이 구절은 다음과 같이 계속된다. "이 소름 끼치는 짧은 시간을/ 오로지 상념들과 교제해야 하고/ 혼자서 사랑이 아닌 것만 알고 사랑이 아닌 것만 해야 하나요?/ 사람은 생각해야 하나요? 그 사람을 누군가 그리워하지 않나요?"

에로스 개념은 분명 '영원의 철학philosophia perennis', 즉 신학의 영향을 받은 철학의 환상에서 벗어나 있다. 이 철학은 시간에 의한 변화, 특히 우여곡절 많은 인간 세상에서 그때그때 사회적-역사적인 것에 의한 변화에도 불변하는 철학이다. 에로스는 이 철학에서 기껏해야 '영원한 철학'과 그 철학이 보편수학普遍數學, mathesis universalis**으로 자리매김하려는 전반적 요구에서 인간에 관한 '사이비 과학'으로 격하된 '인류학'의 한 부분으로 수용된다. 그러나 폭넓은 정신사적 관점에서 분명한 것은 우리가 이렇게 함으로써 전체로서의 철학이나 역사를 제대로 평가할 수 없으며 특히 극히 제한

* 1926~1973. 오스트리아 출신으로 20세기 독일문학을 대표하는 여류 시인 중 한 사람이다.

** 또는 '보편학(普遍學)'. 논증할 수 없고 논증을 필요로 하지 아니하는 근본 명제로부터 모든 인식을 연역적으로 이끌어 설명하고자 한 학문을 말한다.(『현상학사전』, 도서출판 b, 2011)

된, 그리고 전반적으로 규정짓기 어려운 인간 존재에 대한 사유에 대해서도 제대로 평가를 내릴 수 없다는 사실이다.

본 개념사에서 중요한 것은 에로스이지 그리스인들이 명확히 구분해놓은 개념들, 즉 아가페agapệ(사랑, 이웃사랑), 필리아philia(친애親愛), 필로테스philothệs(사랑, 우정) 등을 모두 포괄하는 사랑의 개념이 아니다. 이런 개념들에 비해 에로스를 특징짓는 것은 아프로디지아aphrodisia(육체적 사랑, 성적인 쾌락)와의 연관성인데, 이는 단순한 번식을 위한 성적 욕구를 넘어서는 것이지만 성적인 요소, 즉 육체적-번식 욕구와 향락과의 연관성이다. 더 심층적인 의미에서 그것이 의미하는 내용을 비로소 밝혀낸 것은 플라톤과 접목시킨 프로이트였다. 이것이 출발선 상의 테제인데 이 테제는 입증될 수는 없지만 보다 납득할 만한 진술로 집약될 수 있다.

플라톤은 특히 사포를 새롭게 해석해서 에로스를 개념적으로 정리하려고 했는데 그것은 매우 흥미롭고 끝없이 이어지는 우회적 방식을 통해서였다. 즉 『향연』에서 에로스에 관해 언급한 다양한 찬미 연설을 통해 에로스를 다성적多性的으로 표현하는 방법을 사용한 것이다. 에로스를 현상으로 연출하고 다양한 연설 방식으로 보여주는 것은 에로스가 로고스logos(언어, 이성, 개념)를 통해서는 단성적單性的으로 파악될 수 없음을 말해준다. 창작된, 환상적인 여러 모순이 넘나드는 신화가 오히려 에로스를 가능케 한다. 신화는 개념상 이해 가능한 연설과 반론, 즉 변증술dialegesthai[***]에는 너무 복

*** 설득과 수사에 관계되는 전문적인 철학적 연설 형태이다. 설득과 변증술의 주된 차이는 설득은 항상 다수에 대한 것, 변증술은 둘 사이의 대화로만 가능하다.(제롬 콤 편집: 한나 아렌트, 『정치

잡한 것을 쉽게 이해하게 만든다. 그럼에도 불구하고 에로스를 개념상 정의하고 밝히려는, 어쩌면 에로스를 파악하기 위해 최선을 다했다. 그 때문에 플라톤의 에로스 철학은 비유로 가득한 만찬장 symposion을 떠나, 『리시스』(에로스와 필리아), 『알키비아데스』(에로스와 데모스*의 권력과 데모스에 의한 권력), 『파이드로스』(에로스와 광기로서의 철학, 그리고 장르로서의 철학)에서 다른 묘사 형식들, 역시 비유적인 배경을 둔 다른 묘사 형식들 속에서 발견된다.

에로스 철학은 육체성과 욕정欲情에서 벗어날 수 없다. 에로스 없는 산문, 분석적이고 체계적인 잡문들을 늘어놓은 산문이 되지 않고서는 육체성과 욕정을 벗어나는 것이 불가능하다. 오로지 이야기들만이 에로스나 에로스와 유사한 '경험적 개념'을 밝혀낼 수 있다. 육체성과 욕정은 순수한 개념 이론을 방해하긴 하지만 이 두 개념은 논쟁적인 변증법의 생생한 근원이기도 하다. '현자들'(지혜를 사랑하고 지혜를 구하는 자들은 아니다)은 이것을 철학에서 완전히 떼어내려고 시도했다. 우리는 플로티노스와 특히 아우구스티누스에게서 형이상학적이고 독백적인 정리 작업, 즉 육체에 고착된 에로스를 배제하려는 시도를 만나게 된다. 에로스 자체는 아우구스티누스에 의해 거의 전체가, 또는 그리스도교의 아가페(하느님에 대한 사랑, 이웃사랑) 개념으로 대체하여 축출되고 말았다. 그래서 철학의 역사는 에로스 개념의 흔적을 샅샅이 찾아내려는 발굴 작업이나 다름없다.

의 약속』, 김선욱 옮김, 푸른숲, 2011, P. 41.)

* 고대 아테네에서 최소단위의 행정구역의 명칭. 지방자치를 행하던 공동체.

여기서 발굴이란 (고고학적 의미의) 기원과 같은 의미도, 그리스도교 사상에 의해 파묻힌 에로스의 폐허 속에서 고군분투한다는 의미도 아니다. 오히려 "철학이 문학으로 넘어가는 곳", 즉 사랑의 대화Liebesdialog를 통해 이루어지는 작업이다. 이러한 특별한 철학 산문은 아카데미즘적 철학에 의해 단지 '비그리스도교적', '비형이상학적' 표현양식을 사용했기 때문만 아니라 난잡한 대중성 때문에도 경멸받는데, 그것은 이해하기 쉬운 산문 문체를 사용하면서도 너무 비판적이고 솔직한 기본방향과 관련이 있다.

플라톤과 더불어 개념화되지 못했던 에로스의 진정한 개념사가 시작된다. 문학적 식견이 깊고 체계적이며 논증적인 이 철학자는 자신의 에로스 이론으로 복잡하게 얽힌 철학의 길의 핵심, 곧 지혜에 대한 사랑으로 들여온다. 즉 근본적으로 출구없음Auswegslosigkeit을 지향한 실천의 길이다. 에로스는 소크라테스처럼 인격화된 에로스이며 다이몬(중간자)으로 인격화된 철학이다. 보다 놀라운 것은 에로스 개념이 플라톤에 의한 승화의 연장선상에서 거의 제도권 철학에서 사라졌다는 사실이다. 제도로서의 철학은—그 에로스적이고 회의적인 독침을 제거당하고—기꺼이 신학의 시녀로 전락할 위기를 맞는다. 즉 바울과 특히 아우구스티누스에 의해서 에로스의 자리에 아가페, 그리고 하느님에 대한 사랑, 이웃사랑인 카리타스caritas가 밀치고 들어온다.

그리스도교 전통을 말하면 플로티노스와 아우구스티누스의 영향력이 너무나 커서 에로스가 다시금 철학적 중요성을 갖기 전까지 단절기가 필요했다. 이것은 이후에 신학적이고 도덕주의적인 후

견으로부터 일종의 에로스 철학의 해방으로 이어진 변혁으로 나타난다. 우리는 이 운동을 인문주의와 계몽주의 사이의 '방종'으로 자리매김할 수 있다. 그러나 이 과정에 동원된 폭력과 해방의 변증법은 간과해선 안 된다.

이에 앞서 고대 그리스 말기와 중세 초기에 생기 넘치는 에로스와 여전히 욕망의 결핍이 수반된 인간들 사이의 에로스로 나뉜 에로스를 '순수한' 에로스로 교체하려는 그리스도교의 운동이 점차 주도권을 갖게 되었다. 그 목표는 영원한 행복의 보장, 하느님에 대한 충성심, 배우자에 대한 충성심, 경우에 따라 처녀성의 보증 등이다. 이러한 변화로 인하여 순수 에로스가 약화되긴 했지만 결코 만회할 수 없는 것은 아니었다. 사랑은 그대가 "전혀 생각지 못한 때"에 오기 때문이다. 항상 그렇다. 라캉 식으로 말해서 "다시 한 번!" 온다. 라캉은 동일한 제목의 세미나에서 아빌라의 테레사 수녀의 욕망을 출발점으로 삼은 바 있다.

에로스는 미학적 철학적 기초를 이루는 '힘'의 의미에서 언제나 중심을 이루었지만, 인구학적인 번식 정책의 시각에서 에로스는 언제나 모반적인 정서와 과도하게 선동적인 요소를 갖고 있는데, 교회는 이러한 정서에 맞서 분열될 때나 일치될 때나 전선을 형성하였다. 그리고 플라톤 역시 그의 후손들을 위해 이 분열을 어느 정도 예비해두었다.

특히 매력적인 사실은, 단절이 없었던 것은 아니지만 오랫동안

* 1515~1582. 스페인의 그리스도교 신비주의자.

사랑에 대한 신뢰를 명문화했던 시대에 (그리고 이따금)—"원칙 때문에" 그리고 그들 개인적으로 사랑의 불행을 피하고자 하는 마음에서—전혀 아무 상관도 없는 사람들이 사랑과 결혼 문제의 전문가라고 자처했다는 점이다. 즉 동정을 지키면서(구체적으로 무엇을 뜻하는지 모르겠지만), 평생 독신으로 살면서 자신들의 육체적 욕망을 혹독하게 질책하던 예언자들, 신비주의적 여성 예언자들, 교황 그리고 교회의 다양한 우두머리들이 그들이다.

그러나 그리스도교에 의해 수난을 당한 에로스를 지향하는 방탕아들의 태도를 물신화하려는 자세와 에로스의 근대적 복귀(철학적-정신분석적 성찰 안에서) 사이에는 계몽주의적 탈마법화와 타나토스에 의해 가려진 힘으로서의 낭만주의적 재마법화가 놓여 있다. 특이한 『성애의 형이상학』을 쓴 쇼펜하우어의 거친 표현이 이에 속하는데, 그의 형이상학은 성이라면 사족을 못 쓰는 남성들 못지않게 여성들에게도 경멸적인 낙인을 찍는다. 남자들은 "계집들을 수단으로 해서" 종족의 의지에 사로잡히게 된다. 이러한 "종족의 의지 Gattungswillen"를 쇼펜하우어는 칸트의 개념과는 전혀 다른, 인간들을 아주 놀라운 방법으로 잘못된 길로 몰아넣는, 내면을 향한 "물자체Ding an sich"라고 지칭하였다.

에로스가 '낭만적 사랑'이라는 미명 아래 근대에 다시 등장한 것은 급진적 혁신을 드러내는 것이기도 했다. 근대의 에로스 이론은 실존주의적 철학 및 현상학을 통해서만이 아니라 키르케고르의 『유혹자의 일기』로부터 특히 자극을 받았다(사르트르, 레비나스, 이들과 약간 거리는 있지만 조르주 바타유를 들 수 있다). 나아가 근대 에로스 이론은 플라톤, 쇼펜하우어, 니체의 철학으로부터 영향을 받은 정신분석학과 메타심리학에 의해 개혁되었다. 마지막으로 젠더 연구의 몇몇 대표자들이(결코 다수는 아니고) 있었는데 이들은 에로스 이론을 철학과 정신분석학 사이의 접점에서 고찰하려 했다. 이것은 특히 다양한 모습을 지닌 에로스를 성생활의 번식형이상학으로부터 해방시키려는 상상쾌감(욕구)과 생식기쾌감(욕구) 사이의 접점에서 이루어졌다. 동성애적 에로스든, 이성애적 에로스든 아니면 여러 모습으로 승화된 에로스든 에로스는 거듭 새로 해방되어야 하는데 그 이유는 모든 사회질서는 에로스를 일상의 성적인 번식행위와 성 역할을 기준으로 한 분배라는 도식 안에 끼워 넣으면서 에로스에게 어쩔 수 없이 적응과 순화라는 멍에를 지워주기 때문이다.

이런 의미에서 어쩌면 정신적인 "지체의 분해자"(헤시오도스) 또는 거룩한 치료사가 아니라 모든 혁명가 중 가장 고귀한 혁명가로 에로스를 칭할 수도 있을 것이다. 즉 열정Passionara을 발동시켜서 아마추어 예술가나 스포츠 선수, 시인과 음악가, 철학자들처럼 말이다. 즉 다양한 가치를 지향하는 합리성에 반反해, 자기 직업을 '사랑'하고 그 자체를 실현시키는 모든 사람들을 말이다. 가치체계학이라는 말은 성립이 안 되는데, 왜냐하면 이 가치체계학에도 제대로 된 이성의 강제 규정이 주는 구원의 보증 및 일치단결의 보증과 유사하게 공상적인 오해라는 오점이 따라붙는다. 한 인간이 호혜성과 사랑에서 지속적인 행운을 확신할 수 없는 것처럼, 아무리 민주주의적이고 합의적 사회라도 논리적 원칙과 교리를 통해 대다수의 행운과 자유를 지속적으로 보장할 수는 없다.

그럼에도 불구하고 에로스의 경우 '성'이라는 말에다 심지어 '나쁜 본성'을 고착시키는 방법이 있듯이,* 더 잘 사랑하거나 사랑 받는 법, 더 못 사랑하거나 사랑 받는 법이 있다. 플라톤이 사포의 문학과 연계해서 암시하듯이, 철학이 에로스의 나쁜 경험들에서 절망으로 몰아가는 "사랑의 죽음"을 막는 빈약한 약재 그 이상인지 아닌지 판단하는 일은 논란의 여지가 있는 시도이다. 철학적인 에로스 연구는 이를 밝히려는 시도로서 분명 역사적인 의미는 있지만, 정신분석보다는 아무래도 효과가 떨어진다. 가장 좋은 것은 이 두 관점 사이에서 최소한 개념상의 연관성을 유지하는 것이다.

이 책은 역사적-체계적으로 구성되었으며, 연대순보다는 개념적으로 구성되어 있어 엄격한 단선적 역사성을 배제한다. 오히려 사회적-역사적 맥락에서 서로 경쟁하는 에로스 개념의 '선취'-'개념화'-'수정 단계'가 핵심이 될 것이다.

에로스의 경우 대부분의 인간들에 의해 체험된 현상만이 중요한 게 아니라 철학적, 즉 우주론적 범주로서도 중요하기 때문에 우리는 에로스 개념을 조명할 때 경험적 개념만이 아니라 최소한 부분적으로라도 인식론적, 존재론적으로 중요한 개념의 의미에서 고찰해야 한다. 가장 명료하게 밝히는 방법은 이러한 상이한 개념적 차원이 서로 관련을 맺으면서 서로 분리되는 그런 방법을 고민하는 것이다. 그 밖에 이 책의 구성은 에로스의 개념사를—비록 관점상의 역사가 되겠지만—철학의 역사로 보여주는 접근 방식을 우선적

* 독일어의 '성(Geschlecht)'과 '나쁨(Schlechtigkeit)' 사이에는 '나쁜(schlecht)'이라는 공통된 어근이 들어 있다.

으로 선호한다.

에로스 철학이란 단순히 사랑 문제에 관한 성찰이 아니라 무엇보다도 사랑에 관한 말, 즉 로고이logoi에 관한 성찰이기도 하다. 그 때문에 에로스에 관한 철학적 연설의 유형들을 성찰하는 것 역시 중요하다. 어느 지점에서 문학은 에로스학으로 넘어가며 문학 속의 어느 곳에서 철학의 명제들을 찾을 수 있을까? 그리고 반대로 어느 지점에서 에로스의 철학이 문학으로 넘어가는가? 에로스는 개념이자 로고스이면서 그것이 아니기도 하다. 왜냐하면 에로스를 개념적으로 일반화시키려는 시도, 에로스 체험의 다채로움을 축소시키려는 시도, 에로스를 규범화하고 절대화시키려는 시도가 에로스 그 자체에 역행하기 때문이다. 따라서 에로스에 관한 연설, 에로스 속에서의 연설은 결코 단일화될 수 없는 연설이다.

에로스는 플라톤의『향연』이후 한참 지난 시대에 경계를 넘어선 존재, '다이몬', 즉 중간자가 되었다. 에로스는 사랑의 대상이 있으며 동시에 없기에 에로스이기도 하고 아니기도 하다. 사랑 받는 존재(여성, 남성, 사물 무엇이든)는 그런 존재이기도 하고 아니기도 하다.

그것은 에로스가 욕망과 불가분하게 엮여 있기 때문이다. 욕망에 있어서는 다시금 견딜 만하고 일시적이며 즐기면서 충족시킬 수 있는 결핍이 바탕에 깔려 있다. 플라톤의『향연』에서의 디오티마 연설은 이 변증법을 보여준다. 디오티마 연설은 에로스와의 관계가 판타지와의 관계와 유사하다는 사실을 추측하고 인식할 수 있게 해준다. 좀 더 잘 설명하자면, 판타지는 현실적으로 존재하지 않는 것을 현시해주기 때문에 우리는 판타지 없이 살 수 없다. 그 때문에 상상세계는 너무나 중요한 역할, 특히 자유방종의 에로스 철학(제6장)에서, 그리고 정신분석(제8장)에서도 아주 중요한 역할을 한다. 정신분석은 그 때문에 마지막에 가서(제9장) 충동 이론(에로스와 타나토스)의 관점에서뿐만 아니라 프로이트의 상상쾌감과 생리적 쾌감 사이의 차별화의 관점에서 설명된다.

그러나 에로스는 후대에 걸쳐 오랫동안 소위 '이데아론'으로 축소되어왔던 플라톤에게서만 헤라클레이토스 적 경계를 넘어서는 존재가 아니다. 그에게는 모든 것이 흐름 속에 있고 그 자신도 언제나 흐름 속에 있는 존재이다("만물은 유전한다Panta rhei, alles fliesst"). 예를 들어 신경증적인 반복강박 상태에 집착하거나 또한 언제나 똑같은, 그래서 교체하기 쉬운 파트너와 더불어 실제로 체험하지 않으면서 똑같은 본보기를 재연출하는 경우일지라도 우리는 결코 같은 사랑에 두 번이나 "빠지지" 않는다. 에로스는 변할 수 있으며, 더 중요한 것은 그 변화가 가장 심층적인 의미에서의 변화란 것이다. 에로스는 사랑에 빠진 인간을 외화外化시키고, 소위 엑스타제Ekstase라고 하는 이 외화를 통해 그를 자신에게로 다시 복귀시키며, 연인을 절대 다른 사람(다른 존재)에게 열어 보이지 않음으로써 급격하게 변화시키는데, 이와 동시에 육체적인 성이나 나르시시즘적인 닮은 모습의 재현이라는 평범한 의미만이 아니라, 그토록 갈망했던 사랑에 대한 보상으로서의 사랑이 태생적인 것도 확실한 사랑도 아니라는 것이 중요하다. 아무 약속도 하지 않은 채 서로

* 기원전 520~460. 소크라테스 이전 철학자로 '변화' 및 '현상'에 역점을 두고 '철학함'을 시도하였다. 로고스(Logos)는 대립자의 통일로서 변화의 현상을 드러낸다.

알게 될 때 진정 사랑의 모험이 시작되는 것이다. 모든 다른 것들은 즉흥적인 것이거나 환상적인 착각 그리고 환멸이다.

철학에 있어서, 승화에 관한 전체 질문에서 핵심적인 것을 입증하는 테마는 환상과 실망의 변증법이다. 이 변증법은 프로이트(전이와 전이의 해체)는 물론 이미 플라톤에게도 중요하다. 프로이트는 이 역동성을 심층구조 안에서 인식하고 개념적, 임상적으로 투사Projektion와 구분 지음으로써 체계화하고 세부화시켰다. 잠정적 의존성, 잠재적 자유성에 대한 질문은 이로써 에로스 안에서 그리고 에로스를 통한 삶의 위험 부담과 최소한 심리적 죽음의 위험 부담에 관한 질문과 밀접하게 연결되어 있다.

그렇다면 20세기를 지나면서 에로스 개념이 다시금 철학적으로 자리를 잡을 수 있었던 조건은 무엇인가? 프로이트의 충동 이론은 분명 엄청나게 여기에 기여했지만 이보다 더 중요했던 것은 오늘날의 관점에서 보면 1920년대의 사회정치적 운동, 특히 68혁명과 관련한 여성 운동, '레즈비언/게이 운동'들은 바로 성해방과 전통적인 지배현상으로부터 에로스의 해방을 추구한 운동들이다. 이것은 분명 새로운 강박과 규범화 없이 진행된 것은 아니지만 그럼에도 불구하고 자유민주주의적으로 영향을 받은 에로스와 섹슈얼리티에 대한 새로운 시각은 유럽 사회를 민법에 이르기까지 급격히 변화시켰다.

에로스의 프로필

제1장

『향연』: 플라톤 I

에로스를 개념화하는 일이 어려움에도 불구하고 에로스의 철학에 관해 논의될 수 있다면 그것은 무엇보다도 플라톤이 선취한 업적 덕분이다. 플라톤의 에로스 철학은 크게 두 개의 대화편으로 되어 있는데, 하나는 『향연』이며 다른 하나는 『파이드로스』이다. 플라톤의 저술 전체를 특징짓는 섬세한 연설 및 연출 방식은 『향연』에서 에로스에 관한 연설 모두가 의미심장함을 시사한다. 이 에로스 철학을 제대로 평가하기 위해서 마지막에서 두 번째 연설인 디오티마의 연설만으로 결론을 짓는 것은 충분하지 않다. 디오티마 연설에서 플라톤은 자신의 고유한 철학을 숨기고 있는 듯하다. 나아가 중요한 것은 소위 '플라토닉 러브'(피치노), 즉 순전히 정신적인 숭배의 탈육체적, 탈감각적 에로스 개념으로부터 거리를 두는 것이다. 이것은 특히 그리스도교의 영향을 받은 플라톤 수용사에서 에로스 개념의 왜곡과 축소를 설명해야 하는 과제 앞에서 더욱 유효성을 갖는다. 이러한 설명은 동시에 하나의 발굴이기도 한데 이는 최근 특히 체계적으로 성공을 거두고 있다. 즉 오늘의 플라톤 연구가 마침내, 동성애적 에로스와 이성애적 에로스 사이의 차이점과 관련하여 『향연』에서 거듭되는 질문에 대해 지난 2000년 동안보다도 훨씬 더 공평하게 접근할 수 있게 된 것이다.

이토록 중요한 플라톤의 에로스 이론과의 논쟁에서는 가장 핵심적인 내용만을 전달하는 것만이 아니라 플라톤 저술 전체의 핵심적이고 체계적인 양상들을 조명하는 것이 중요하다. 이런 양상들이 앞으로의—물론 파편적이기는 하나—에로스 철학사의 전개과정을 특징짓는 한에서 말이다. 나아가 언급한 두 대화편 『향연』과 『파이드로스』 사이의 연결점, 비동시성, 차이 등이 중요하게 다뤄질 것이다. 이러한 기본 토

> 대를 바탕으로 해서 비로소 "어떤 식으로든" 플라톤적인 에로스 개념에 대한 철학사적 작업이 진지하게 시작될 수 있다.

『향연』('만찬', '연회')은 에로스에 관한 플라톤의 가장 상세한 저술이며, 오늘날 플라톤 저술의 유효한 연대기를 신뢰하는 한 가장 최초의 저술이기도 하다. 이 경이로운 작품은 플라톤 중기의 가장 집중적인 창작시기에 속한다.

주요 내용

만찬에 모인 친구들은 전날 저녁에 마신 술 때문에 아직 취한 상태이며, 몇몇은 젊은 파이드로스와 의사 에릭시마코스 두 사람의 경우와 같이 연인으로 참석하고 있다. 그 밖에 참석한 사람으로는 파이드로스 다음으로 연설하게 되는 고대 학자 파우사니아스, 희극작가 아리스토파네스, 소크라테스, 그리고 술에 취한 알키비아데스로서 이 사람은 넉살 좋게 에라스테스Erastes 즉 사랑하는 사람 소크라테스에 대한 찬사를 한다. 알키비아데스는 소크라테스라는 인물을 그리는 연설에서 에로메노스Eromenos, 즉 사랑 받는 사람으로, 심지어 에로스 자체로 본 모습을 드러내게 된다. 예수의 '최후의 만찬'을 제외하고 서양 전통에서 가장 유명한 만찬의 중요한 윤곽은 이상과 같다.

주요 내용은 플라톤적 대화들이 이루어지는 '무대', 다양한 '무대'를 배경으로 한다. 테아트론Theatron은 그리스어로 '연극'도 되고 '관객'도 된다. 여기서 유럽 문학에서 중요한 역할을 하는 일종의 복합구조Verschachtelung가 중요하다. 즉 무대 속 무대, 장면 속 장면 등이 그것이다. 이것은 플라톤이 직접 사용하지는 않지만 동시에 깨뜨림으로써 암시하고 있는 두 개의 마주보게 되어 있는 거울의 효과를 연상시킨다. 이러한 '무한소 효과'는 에로스와 연관된 불만족성을 나타내고 있는데, 이는 이미 이야기 초입에서 나타난다. 일종의 『향연』의 역사를 보여주면서 이야기 또는 소문pheme이 어떻게 생겨나는지를 보여준다. 즉 아폴로도로스가 이미 『국가』에서 주인공으로 잘 알려진 글라우콘에게 소크라테스, 아가톤, 알키비아데스가 사랑 연설을 한 회합이 어떻게 진행되었는지 이야기해준다. 글라우콘은 좀 더 정확하게 캐묻고, 사랑 연설에 관한 일종의 앙케트 구술사를 만들어낸다. 이야기는 즉각 다시 과거로 돌아가는데, 이들의 회합이 조금 전에 열린 것이 아니라 아주 오래 전에 있었던 일이라는 것이다.

이런 서두의 내용은 이 책의 주요 내용을 연출된 현재로 인식하게 만들어준다. 장면을 보면, 소크라테스가 그날의 잔치를 위해 목욕을 하고 신발을 신고 아가톤의 집에서 열리는 우승 축하연에 참석하러 가고 있다. 아가톤의 집에서는 향연이 열리기로 되어 있다. 아름답게 차려입고 아름다운 사람과 그의 아름다운 친구들 집으로 가기. 여기서 에로스를 맨 처음으로 일깨우는 아름다움이 자신을 드러낸다. 이처럼 종종 강조되는 플라톤 철학의 시선집중성은 특히 에로스 이론에서 실효를 거두는데 에로스 이론은 미의 이론이기도 하다. 물론 그 밖에도 플라톤의 이데아론에는 시각적 은유가 넘쳐 난다. 에이도스Eidos—생김새, 부류, 개념—는 각기 이데아ideia로 나타나거나 빛 속에 나타나는 그것, 즉 현상phainomenon으로 표현된다.

그러나 복잡한 에이도스 개념의 발전과정 뒤에 한 가지 잊어서는 안 될 것이 있다. 플라톤 전후로 어떤 철학자도 로고스에 의미를 부여하는 연출을 위해 플라톤처럼 다른 감각이나 육체성을 이용한 적이 없다는 것이다. 이들을 성찰하거나 아니면 최소한 플라톤처럼 의도적으로 연출한 철학자가 없다. 따라서 '발'과 '걸음'은 바로 『향연』에서, 물론 『향연』만은 아니지만 연설을 열어가는 역할을 한다. 산책하기는 사고의 출발을 의미한다. 소크라테스의 맨발에 대한 거듭되는 암시는 사고의 신체적 의존성에 대한 반어적이면서도 전적으로 진지하게 받아들여야 할 암시이다. 사고는 정신nous의 신성, 즉 정신력의 절대성에도 불구하고 몸에 매여 있다. 이것을 플라톤은 거듭 환기시킨다. 물론 윤회의 철학 이론을 설계한 이가 플라톤이긴 하지만 말이다. 윤회란 한 몸에서 나온 영혼이 다른 몸으로 들어가는 것을 말한다. 이는 철학적으로 난제임을 언급하지 않고는 성립되지 않는다. 즉 그러한 이론의 입증불가능성과 아포리아를 언급해야 한다.

중단이라곤 없는 듯, 생각이 닿는 곳을 따라간다. 그래서 아가톤의 집에 도착하기 전에 소크라테스에게는 무슨 생각이 떠오르는데, 이것을 그는 보류해 둔다. 마침내 도착하자 아가톤은 소크라테스를 그의 곁에 앉도록 요청한다. 앞뜰에서 소크라테스에게 떠

오른 지혜로부터 그 무엇이 자신에게로 넘어올 수 있도록 말이다. 이것이 에로스와 앎의 욕구를 보다 명백히 연결시켜주는 것이며 소크라테스는 이것을 반어적인 다른 문장으로 나누고 있다. 즉 지혜가 마치 물처럼 간단하다면 얼마나 좋을까, 서로 소통하는 용기에 담겨 이리저리 흐를 수 있다면 얼마나 좋을 것인가라고 말이다.

연설

이제 연설 순서가 정해지고 젊은 파이드로스가 연설을 시작한다. 파이드로스는 아주 교화적으로 접근한다. 에로스의 위대함을 추켜세우면서 말이다. 에로스는 가장 오래된 신일 뿐만 아니라 가장 아름다운 신이기도 하며, 위대할 뿐만 아니라 경탄할 만하다고 한다. 에로스는 수치스러운 일들 앞에서 부끄러움을 유발하며 이때 사랑하는 사람이 일종의 풍기단속 검열관이자 자기이상형으로 기능한다. 가장 아름다움과 가장 좋음, 아니면 최대선은 서로 밀접하게 얽혀 있으며 이것은 플라톤에게서 처음 나온 것이 아니라 그리스의 귀족사회적 의미에서 나온 것이다. 즉 칼로스카가토스kaloskagathos, 말 그대로 아름답고 선한 자(멋있고 훌륭한 자), 아름답고 훌륭함kalokagathia을 지닌 자이다.

여기서는 남성들 간의 에로스가 관건인데, 이 남성들은 서로를 사회적인 아름다움과 선함 속에서 고양시켜야 한다. 동시에 이 단락은 사포의 단편 제27편을 연상시키는데 이 구절은 에로스와 아름다움 사이의 철학적 연결을 최초로 만들어낸다. "더러는 말한다. 말을 탄 전사들의 군대, 더러는 민초들, 더러는 함대, 이것이 어두운 대지에서 가장 아름다운 것이다. 그러나 나는 주장한다. 그것은 누군가를 열망하는/사랑하는 것이라고."

아름다움의 보편성은 사포의 경우 열망의 대상을 통해 일어난다. 사랑 받는 사람/사랑 받는 것은 추상적이고 어느 계급, 어느 성별에 속하든지 간에 모든 이에게 미적 패러다임으로 기여한다. 이러한 연결관계가 플라톤의 에로스 이론의 핵심적 철학을 나타낸다. 그러나 파이드로스는 아직 그 정도까지 발전시키지는 못했다. 그에게 분명한 연결관계란 유용성의 연결관계로 이 유용성은 남성 커플의 경우 에라스테스와 에로메노스, 즉 사랑하는 사람과 사랑 받는 사람에 관계된다. 정치적 유용성의 의미에서 사랑과 전쟁이 서로 결합하는 관계처럼 말이다. 언뜻 보기에 거의 모든 인간에 해당하는 여류시인 사포의 찬사와 남성의 에로스에 대한 찬사 사이에 아주 기발한 타협점처럼 보이는 것이 같은 순간에 바로 공허하게 보이는데 이것은 어느 한 목적에 봉사하기 때문이다. 즉 군사적인 남성 힘의 복권, 그리고 그 남성성의 절대적 미적 가치에 대한 복원이며 이것은 사포가 상대화시켰던 바로 그 가치인 것이다.

이때 폴리스의 대변자이며 정치적 남성성의 대표자인 파우사니아스가 때맞춰 등장한다. 파우사니아스는 사랑의 세계를 남성과 여성 사이의 에로스, 남성들 간의 에로스로 나눈다. 남녀 간의 에로스는 저급하고, 남성들 간의 에로스는 거대, 아주 천지거대하다(하늘신 우라노스Ouranos에서 온 말로, 지난 세기말 우라니어Uranier라는 개념 속에 다시 등장했다). 이러한 좋은 에로스 내지 좋은 아프로디테와 저급한 에로스로 나누기는 영혼과 육체로 나누기와 맥을 같이한다.

그런 다음 도덕적 호소가 이어진다. 어린 소년은 아직 이성을 갖추지 못했으므로 어린 소년과의 사랑은 금지되어야 한다는 것이다. 파우사니아스는 어린 소년을 유혹하는 것에 반대하는 자신의 논증을 결코 소년들의 보호를 위해서가 아니라, 나이 든 연인과 아직 어린 아이들을 상대로 해서 낭비해서는 안 되는 성인 남성의 힘을 보호하기 위한 것으로 내세우고 있다. 만약 국가의 최고 남성들이 사랑의 수고가 가치가 있는지 없는지, 즉 사랑의 대상인 소년이 재능이 있는지 없는지 알지도 못한 채 성욕을 투자한다면 폴리스의 에로스 관리에 문제가 생긴다는 것이다. 이 주제는 『테아이테토스』에 다시 등장하며 여기서 소크라테스는—소크라테스의 산파술에 힘입어—젊은 남자가 배태하는 생각이 좋은 것인지 아니면 낙태를 시켜야 할 '무정란'인지 예측하는 것이 얼마나 어려운지 시사하고 있다. 이 단락에서 보다 흥미로운 것은 유혹하는, 사랑을 베푸는 사람Erastes과 사랑 받는 사람Eromenos 사이의 신분관계에 대해 공개하는 듯한 질문이다. 사랑을 베푸는 사람의 높은 신분은 거절을 당했을 때 에로스의 붕괴로부터 그 자신을 보호한다. 유혹하는 자는 유혹 받는 자보다 더 많이 투자하고 더 많이 위험을 감수하지만 그 대신 그들이 유혹에 성공하지 못해도 신분은 유지된다.

『국가』에서 플라톤은 두 신분 계급 사이의 사랑에 대한 금기뿐만 아니라 나이가 다른 연배 사이의 사랑에 대해서도 금기를 명문화시킨다. 서로 다른 이들 간의 이러한 금기는 번식을 명분으로 이성애에는 적용되지 않는다. 번식은 폴리스의 존속이라는 의미에서 이성애에 예속되어 있다. 이성애는 플라톤에게 있어서 '올바른 동성애'와 달리 '아름답고 영리한 사고phronesis'를 제대로 만들어낼 수 없다. 『국가』는 폴리스의 조직에 관한 저술이며, 이런 의미에서 플라톤에게 성애적 에로스와 승화된 에로스의 가장 미학적이고 가장 철학적인 형태는 『국가』에서 설 자리가 없다.

처음에는 교화적일 뿐인 파우사니아스의 연설은 영혼과 그 아름다움이 허무할 뿐인 육체 사이의 구분이 도입되는 부분에서 다소 철학적으로 변한다. 풍속이 남겨진 가치들을 오래 기다려온 희생으로 보답한다. 그것은 덕aretê, 멋있고 훌륭함, 탁월함aristia의 의무를 진 미덕이다. 사랑하는 사람은 사랑 받는 사람에게 아첨꾼처럼 비굴하게 굴지 말고 특히 지혜와 덕에 있어서 모든 임무를 다해야 한다. 파우사니아스의 대화 프로그램은 여기서 아직 전적으로 풍속을 사용하는 데 머물고 있다.

다음으로 의사 에릭시마코스의 연설이 이어진다. 원래 아리스토파네스 다음에 와야 할 이 연설은 이 희극작가가 딸꾹질을 하는 바람에 순서가 뒤바뀐다. 이러한 중단 행위로 말미암아 담론의 질서 속에 몸(육체성) 뿐만 아니라, 에로스의 무질서적 차원도 들어오게 되는데 이것은 좌석 배치에 영향을 준다. 즉 딸꾹질은 희극작가 아리스토파네스의 말문을 막게 되고 그래서 의사 에릭시마코스가 먼저 연설을 하게 되는데 의사의 에로스에 관한 연설이 다시금 희극작가의 딸꾹질을 멎게 한다. 역사적 인물인 에릭시마코스는 유명한 의사인 아쿠메노스의 아들이다. 에릭시마코스에 의해 에로스의 양분兩分에 대한 체계화가 이루어지는데 이 에로스는 모든 생명체 속에서 이중적 원칙으로 작용한다. 에릭시마코스의 우주론적 에로스 이론에는 신의 위대함이 모든 생물체-인간-동물-식물에까지 확장된다. 에로스의 이러한 보편화를 뒷받침하기 위해서 에릭시마코스는 '자연철학자' 엠페도클레스와 헤라클레이토스를 왜곡된 방식으로 빌려온다. 이런 전략은 의사 자신뿐만 아니라 에로스를 학문적인 관점에서 비춰주는데 플라톤이 행하는 방식은 파네스Phanes, 즉 비추는 자/빛을 발하는 자로 불린 에로스가 오히려 의학적인 '얼치기 과학Halbwissenschaften'에 빛을 비추도록 한 게 아닌가 하는 의구심을 불러일으킨다.

결국 다시금 에로스의 두 가지 상반된 유형, 에로스의 분열이 문제가 된다. 에로스는 그 자체로 분열하는 속성을 가지고 있는데, 건강한 사람에게 있어서의 에로스와 병든 사람에게 있어서의 에로스가 그것이다. 이는 의사로서 형식논리학적으로 정확해 보이는 결론이라 하겠다. 좋은 인간의 마음에 드는 것이 아름답고, 나쁜 인간의 마음에 드는 것이 추하듯이 육체와 관련해서도 그러하다는 것이다. 관상학, 골상학, 우생학들은 서로 멀지 않다.

에릭시마코스는 육체와 영혼 간의 불균형을 바로잡는 것에서 어설프게 유추해낸 결론을 통해 다음과 같이 주장하기에 이른다. 즉 영혼뿐만 아니라 육체에도 덕이 존재한다는 것이다. "왜냐하면 의술은 [···] 채움이나 비움과 관련하여 육체에서 일어나는 사랑의 움직임을 인식하는 것"(『향연』, 186c-d)이기 때문이다. 이때 좋음과 나쁨, 추출해내야 할 것과 채워 넣어야 할 것 사이의 구별이 문제가 된다. 마지막으로 에릭시마코스는 에로스의 끊임없는 적응을 요구한다. 즉 에로스의 문제에서 진정한 예술가(장인)는 몸의 영역에 자리 잡고 있으며, 의사는 이러한 에로스를 만들어낼 수 있는 사람, 신체적 중개인이라 할 수 있으며, 이로써 매우 구체적인 차원에서 다시 은유적 차원으로 넘어간다.

의사 에릭시마코스의 연설은 비철학적이면서 철학적이다. 즉 특정한 부정은 이러한 선명한 대비가 없다면 결코 드러나지 않았을 그 무엇을 재현하는 기능을 더 가지고 있다. 즉 그 자체 모순적인 개념에 대해 사고하는 어려움을 말한다. 물론 여기서는 모순이 그저 표면상 해결된다 하더라도 에릭시마코스는 소크라테스가 디오티마 연설에서 언급한 결핍의 문제성을 예고한다. 즉 에로스는 자체 결핍과 충일이라는 모순이며, 이 모순은 언제나 치유를 숙고한 의사로서는 원칙적으로 감히 생각할 수 없었던 모순이다. 에로스는 나누고 쪼갤 수밖에 없다. 즉 좋은 에로스와 나쁜 에로스, 단정한 에로스kosmios eros와 난폭한 에로스hybreos eros 등등으로 말이다.

의사 에릭시마코스의 보편화 경향은 (엠페도클레스의 말을 빌리면) 좋은 에로스를 지상의 모든 악을 치유하는 치료제로 삼는다. 이외에도 전염병, 기상이변 그리고 예언술조차도 정돈된 사랑을 통해 균형을 잡고 치료하는 것으로 여긴다. 조화는 그 자체로 냉정한 결과에 이르며, 그 결과에서 바로 긴장이 사라지는데, 헤라클레이토스에 따르면 그 긴장에서 비로소 조화가 생겨난다.

이러한 보편화 방식은 과거 철학자들의 범속함으로 역행하는 의미도 지닌다. 이들에게는 모든 게 하나이며 즉 모든 것을 똑같이 취급하는 철학자들로 파이드로스나 파우사니아스가 인간의 에로스에 초점을 둠으로써 제거한 것으로 보이는 그러한 비천함이다. 보는 바와 같이 이것은 결코 주어진 또는 표면적인 상승이라는 의미에서 앞으로 나아가는 것이 아니다. 의사 에릭시마코스의 에로스 이론의 진전은 에로스가 지금까지 일차적으로 도덕적이고 영적인 것이었다면 그때부터는 에로스에 육체를 접목시킨 것에 있다.

아리스토파네스의 연설과 더불어 플라톤은 희극작가를 대화의 핵심인물로 배치한다. 아리스토파네스는 에로스를 알기 위해 인간의 본성으로 직접 치닫는다. 그러나 인간의 본성을 알기는 어렵기 때문에 아리스토파네스는 출생신화를 이용한다. 이 신화는 알려져 있지만 징후를 암시하듯 흐릿하게 왜곡된 형태로 좀 더 세밀하게 살펴보는 것이 의미가 있겠다. 태초에 세 가지 원형인간Kugelmensch이 존재했다. 여성, 남성, 오늘날 멸종된 모든 것을 완전하게 느끼는 안드로겐적 인간Androgynen이다. 이 안드로겐들은 팔 네 개, 다리 네 개를 지닌 원형인간으로 대지를 굴러다녔으며 교만함으로 가득 차서 신들에게 도전장을 내밀었다. 그리고 그 대가로 벌을 받았다. 벌이란 허약한 존재로 만드는 것이었다. 이 원형인간들은 광범위한 의미에서 거세를 당했으며 달걀(알)처럼 두 개로 갈라졌다. 얼굴은 앞쪽을 향하고, 잘린 상처 쪽을 향했으며 이로써 그들이 받은 벌을 잊지 않도록 하기 위해서였다. 그들은 그 후 서로 잃어버린 반쪽을 향한 병적인 그리움에 빠져들게 되는데 그 반쪽들은 그런 그리움을 영원한 뒤엉킴을 통해서만이 감소시킬 수 있었다. 이런 상태에서 그들은 식욕감퇴로 거의 멸종하게 된다. 그에 이어 아폴론은 제우스신의 명령에 따라 치부aidoia를 앞쪽으로 향하게 하는데 이것들이 그때까지는 모든 반쪽인간들에게 밖으로(이제는 뒤쪽) 향해 있었던 것이다. 마치 매미처럼 그들은 섹스 없이 지상에 씨를 뿌렸던 것이다. 치부를 절단하고 앞에 배치함으로써 비로소 그들은 생물학적 성존재가 되었다. 이제부터 각각의 반쪽은 원래 원형 모양에 따라 각자 맞는 반쪽을 찾는다. 여성 원형에서 나온 이는 여자로서 여자를 찾고 남성 원형에서 나온 이는 남자로서 남자를 찾는다. 이들은 가장 탁월한 인간들이며 그 이유는 그들이 천성상 가장 남성적이기 때문이다. 안드로겐 원형에서 나온 인간은 남자로서 여자를, 여자로서 남자를 찾는다. 이 사람들은 간통하려는 경향이 있는데(이들은 혼종성으로 인해 다른 인간들보다 일부일처제를 덜 추구한다고 한다) 안드로겐 원형에서 나온 여자들은 '남자계집'으로 그들의 남자들과 더불어 스스로 번식을 한다.(다른 종들은 원래 멸종에 내맡겨져야 했으나 멸종된 것은 지금까지 '안드로겐 원형' 뿐이다. 이것은 희극작가의 이야기에 모순이 있음을 드러낸다.) 그러나 일부일처제든 아니든 모두 이제부터 생식기로 하는 사랑의 합일 속에서 최소한 일시적으로나마 오래된 만족을 추구한다.

순환성은 신화의 속성인데, 이 신화는 로고스와 반대로 정확한 응결성을 추구하지 않으며 아포리아를 언급하지 않고도 넘어설 수 있다. 에로스의 세 가지 형태에 대한 이유는 에로스 자신이 지니고 있으며 그 이유는 에로스의 본성, 에로스의 본질이 지닌 아포리아에 내재되어 있다. 이러한 아포리아적 속성은 디오티마의 연설에서 비로소 다뤄진다. 동시에 에로스는 이미 아리스토파네스에게서 더 이상 출생에 관해서만 규정되지 않고 무엇보다, 중간존재, 즉 네 종류의 반원형 사이에서 나온 중간존재metaxy에 관해서 규정된다. 이 반원형들은 인류를 쪼갤 때 나온 것들이다. 이에 반해 『향연』에서 보다 철학적인 연설, 즉 디오티마 연설은 에로스의 세 가지 유형을 함축적으로만 나타낸다. 적어도 위계질서에 관해서라면 말이다. 그러나 이제 아리스토파네스에게는 보편적이고 누구에게나 적용 가능한 이상형 에로스를 획득하는 일이 목적이 아니라, "지금 우리 곁에 있는 것들 가운데 이것과 가장 가까운 것이 또한 최선일 수밖에 없는데, 그건 바로 자기 마음에 맞는 본성을 갖춘 연인을 만나는 일이다."(『향연』, 193c)

아리스토파네스의 연설 속에서 핵심은 에로스가 전체를 향한 요구로 정의된다는 것이다. 『향연』의 아리스토파네스에게 있어서 에로스의 운명은 하나의 기질인데, 그 기질의 실현은 근원적인 동시에 신화적인 본성으로 영혼 치료를 가능하게 하는 회귀이다. 아리스토파네스의 연설은 초현실적인 경향을 띠면서 우스워 보이지만 바로 그렇기 때문에 깊이 파고드는 통찰력이 있다. 그의 연설은 상투적인 내용도, 에로스의 영역 내에서 분열이나 비현실적인 주장으로 귀결되는 교화적인 단면성도 없다. 아리스토파네스는 에로스가 지닌 좋은 신성 또는 신적神的인 의미의 선善에 대해 회의를 품은 최초의 인물이다. 아리스토파네스는 감히 이 문제를 전혀 다른 관점에서 보고, 더 이상 에로스의 하나의 형태로만 서술하지 않는다. 그렇다고 딱히 레즈비언의 에로스 또는 딱히 동성애적인 에로스는 아니다. 그럼에도 불구하고 동성애적인 에로스가 그저 우연히 이성애적인 에로스와 관련하여 플라톤을 사로잡은 것이 아니다. 그래서 에로스를 구분하는 데 연설 전체를 바친다. 이 연설에서 아리스토파네스는 심지어 보통 때는 금기시된 여성 간의 에로스를 적나라하게 언급한다. 그렇다고 해서 여기서 가치평가가 전혀 이루어지지 않는 것이 아니다. 물론 가치평가가 전체 인간 존재 형태가 그렇듯이 복잡하고 모순적이라 할지라도 말이다. 가장 지고한 것은 언제나 온전한 '남성성'이다. 온갖 성별 구분과 성별 변화에 따라 어떻게 남성성이 불리든 상관없이 말이다.

이 연설 이후로 『향연』에서는 물론 그 이후 20세기까지도 그 어떤 담론도 성적인 에로스를 이처럼 포괄적으로 다루지 않았다. 우리는 그리스도교적 플라톤 전통이 이 부분을 모호하게 취급하고 심지어 르네상스 시대에도 교묘히 수정했음을 알 수 있다. 오늘날의 관점에서 이러한 축소화의 이유는 아마도 바로 이를 통해 축적된 것을 부각시켜야 했기 때문인지도 모른다. 즉 인간의 정체성을 확인하는 동시에 대상을 추구하는 양성성Bisexualität이 그것이며, 이 양성에 대해 잠정적으로 지니고 있는 에로스적-성적 애착이 그것이다. 이는 프로이트가 친구 플리스*의 도움으로 플라톤 이후 2500년 뒤에 공식화하게 된다. 그러나 바로 플라톤이 내세운 희극작가 아리스토파네스의 입으로 전해진 신화가 우리에게 말하려는 것은 이것이 아니다. 왜냐하면 여기서는 어떤 대상에 대한 애착, 또는 다른 어떤 대상에 대한 애착이 문제가 아니고, 에로스적이며 성적인 '선호'가 문

* 빌헬름 플리스(1858~1928). 이비인후과 의사.

제이다. 즉 어째서 누군가가 자신과 같은 성에 또는 다른 성에 더 애착을 갖게 되는지, 왜 두 성에 동일한 애착을 갖지 않는지가 문제이다. 이것이 뭔가 운명적인 것을 지니고 있다는 것이다.

연설 차례는 이제 아가톤이다. 아가톤은 좋은 사람, 훌륭한 사람이라는 뜻이다. 소크라테스와 아리스토파네스와 동시대인이기도 한 아가톤은 가장 본질적인 것, 즉 에로스 신 자체를, 그 신의 지고한 천성, 덕과 아름다움을 예찬하겠다고 한다. 연설은 아름다운 문체, 명제와 반명제, 인용 구절, 과장되거나 흑백으로 이루어진 이미지들로 가득하다. 아름답고 유연하며 나긋나긋한 신 에로스는 딱딱함을 피하며 나긋나긋한 지체를 선호한다. 에로스는 두뇌가 아니라 인간과 신들의 영혼, 정서 속에 자리 잡고 있으며, 거친 영혼이 아니라 유연하고 화사하며 향기로운 영혼에 파고든다는 것이다. 아가톤은 사랑으로부터 거칠고 폭력적인 모든 것을 제거한다. 아가톤은 아리스토파네스에 의한 '모독행위' 다음에 바로 사랑을 설명한다. 그러나 아가톤이 중요하게 생각한 것은 인간 개개인에 미치는 에로스의 영향이 아니라 모름지기 영향 그 자체이다. 중요한 것은 무엇보다도 정의를 내포하고 사려 깊음sôphrosynê을 당연히 전제로 하는 연애관계homologêsê(원래는 '동의')에서의 자발성이다. 파우사니아스가 제시한 덕목, 즉 남성다운 용맹함인 안드레이아andreia가 지닌 "강하고 단단함"에서 나온 덕목과는 반대로, 아가톤은 부드러움과 유연함을 이른바 핵심 덕목으로 제시한다. 균형 잡히고 유연한 모습 이데아idea는 에로스의 우아함을 입증하는데, 왜냐하면 "꼴사나움과 에로스 서로 간에는 늘 전쟁이 있기 때문"(『향연』, 196a)이다. 에로스는 모욕을 주는 일이 없으며 모욕을 당하지도 않는다. 이것이 비극성과는 전적으로 거리가 먼 아가톤의 교화적 지론이다.

덕이 지배적이다. 그래서 음욕과 성적 욕망을 지배하는 에로스는 신중해야 한다.(그렇지 않으면 에로스가 이 욕망들을 지배하지 못할 거라는 게 아가톤의 매혹적인 논리이다.) 그러나 우리의 경험상 뭔가 혼란스런 불일치의 느낌이 남는다. 폭력은 좋은 에로스, 아름답고 진실한 에로스를 만날 일이 없다. 에로스는 폭력을 행사할 능력도 없다. 그 대신 이렇게 길들여진 에로스는 스스로 충동과 육욕이라는 폭력을 길들이면서 순환된다는 게 아가톤의 생각이다. 어떻게 에로스가 이것을 폭력에 조금도 개입하지 않고 완성할 수 있을지 수수께끼로 남는다. 에로스에서 모든 생명체의 탄생, 아폴론의 창조적인 연애가 생겨났지만, 미학과 예술의 영역에서 에로스는 이야기꾼들이 휘날리는 깃발로 아난케ananke(필연, 강요)의 지배를 이겨낸다. 그런 다음 아가톤의 뻣뻣하고 과장된 반명제들로 이루어진 시 구절이 이어진다. 즉 "전사들에겐 평화를, 바다에는 잔잔함을, 폭풍에는 침묵을, 근심을 위해서는 잠을"* 주는 이가 에로스 신이라는 것이다. 이에 참석자 일동의 갈채가 이어진다.

이어 플라톤은 소크라테스를 전혀 준비가 안 된 상태로 등장시킨다. 소크라테스의 투입은 극적이면서도 반어적이다. 소크라테스의 '중간연설'은 그의 거리감을 나타낸다. 즉 소크라테스는 뒤로

* "인간들에겐 평화를/ 깊은 바다에는 고요를/ 폭풍에는 멎음을/ 피곤하고 어려움에는 단잠을"

한 발 뺀다. 소크라테스는 자기가 그처럼 인상적인 찬미연설을 한 후 자신의 오류를 알게 될 거라고 말한다. 소크라테스는 에로스에 관한 진실한 연설을 하는 것이라 생각했지만 이제 찬미연설을 해야 하는 상황임을 알게 되었다고 말한다. 이 찬미연설은 찬미 받은 대상에게 와 닿든 그렇지 않든 칭찬할 만한 모든 것을 꾸며댐으로써 실현되는데 이 연설의 시합에 자기는 준비도 되지 않았으며 그럴 의사도 없다는 것이다.

소크라테스의 이러한 능청은 효과를 보았다. 즉 그가 옳다고 생각하는 바대로 연설해줄 것을 요청 받았기 때문이다. 그는 승낙을 하고 개념상의 차별화로 시작한다. 에로스의 소유와 존재가 그것이다. 출발점을 이루는 것은 변증법적 에피소드와 욕망의 주체가 그가 필요한 것을 열망하는지에 관한 유도질문이다. 처음에는 에로스와 열망이 다시 합쳐지고, 그 다음에 에로스는 특정한 방식으로 완전히 그리고 아직 소유하지 못한 열망의 대상에 대한 몫을 가지고 있는 존재로 규정된다. 마치 열망의 대상과 열망하는 것의 충족과 마찬가지로 결핍은 에로스에 속하며 여기서 오렉시스orexis, 즉 노력과 추구의 차원을 변증법적 패러다임과 같은 것으로 내세운다. 이것은 '가지고 있지 않음'이며, 동시에 '지속적으로 갖고 싶음'으로 에로스에게 본질적으로 속하는 것이다. 이러한 변증법은 시간의 모순에 관계된다.

에로스는 미를 열망하는데 미를 갖고 있지 않기에 궁핍한 존재이다. 아가톤은 '어쩔 수 없이' 이에 관해 대답한다. 유연하면서 거리낄 것 없는 아가톤은 논쟁상 대답을 강요받을 수밖에 없는 것이다. 우리는 이러한 변증법의 또 다른 변이형태를 생각해볼 수 있다. 즉 아름다운 것을 열망한다는 것은 아름다움이 전혀 없거나 전혀 아름다움을 소유하지 않는 것을 뜻하는 게 아니다. 달리 말하자면 아름다움에 참여하는 사람만이 그것을 아름다움 자체로 열망할 수 있다. 에로스는 어쨌든 아름다워야 한다. 비록 그가 바로 열망한 미가 결여되어 있다 하더라도 말이다. 에로스가 열망한다는 것, 최소한 열망 행위 자체에 참여하고 있다는 것은 의심의 여지가 없어 보인다.

이것으로 그 유명한 디오티마의 연설이 준비된다. 이제부터 소크라테스가 그녀의 가면을 쓰고 연설할 수 있기 위해서이다. 디오티마가 소크라테스로 하여금 에로스가 아름답다는 생각에서 벗어나게 했을 때 소크라테스는 사고의 방향을 전환했으며 놀라서 에로스가 추하고 악한지 물었다고 한다. 이에 대해 디오티마는 메탁시 metaxy, 즉 아름다움과 추함 중간의 어떤 것이라고 대답한다. 디오티마는 이로써 인식론적인 아포리아를 열어 보이는데, 이 아포리아는 지혜와 무지 사이에 무언가가, 그것도 올바른 무언가가 있다는 것이다. 이러한 옳은 또는 올바른 의견은 "사리분별과 무지의 중간에 있는 것"(『향연』, 202a6)이다. 이어서 다음 전환점이 온다. 에로스는 신이 아니라는 것이다. 이 말은 전대미문의 명제로서 무신론적이라고도 볼 수 있는데, 이는 물론 에로스를 신으로 선포하고 숭배하는 사람들한테 그렇다는 말이다. 그러나 이 테제는 점차 보다 유신론적인 테제로 변해가는데, 에로스는 그렇지 못하지만 그 신은 분열된/모순적인 에로스로부터 정화됨으로써 나오는 완전한 신이다.

그러니까 에로스는 신이 아니다.—이로써 플라톤/소크라테스/디오티마는 새로운 의미론적 영역을, 즉 새로운 철학적 주장을 열어 보인다. 우리는 명료한 양면성Dichtonomie(단어의 의미상 '분리', '분열')이라 칭하면서 이것을 청자의 동의 속에 고정시킨다. 그리고 그 반대의 움직임 속에서 우리는 바로 이 양면성을 통해 추출/배제된 것을 고정시킨다. 이 배제된 것은 독자적인 공간, 상상의 장소를 필요로 한다. 그것을 이해하는 자는 중간적 존재인 다이몬적 남자이다. 이로써 양성평등과 관련해서 어떤 망상도 일으켜선 안 된다. 어쨌든 여성이 사제였고 사제가 될 수 있었으니 말이다. 특히 어느 여성이 디오티마가 최소한 보다 보편적인 표현 '인간anthrôpos'을 사용할 수도 있었을 거라고 말한다면 말이다.

에로스가 신이 아니라면 이로써 에로스는 신과 인간 사이의 그 무엇, 즉 다이몬(그리스도교의 사탄이 아님), 중간자인 것이다. 이렇게 해서 다이몬적 남자란 중간자인 에로스에 자기의 몫을 가지고 있는 것이다. 다이몬의 어느 정도 무장소적이고 기이한 신분은 역사나 탄생신화를 요구한다. 에로스의 이러한 기원의 스토리는 소크라테스가 담당한 부분의 문학적 몫이다. 소크라테스는 이로써 앞서의 아리스토파네스의 연설에 내용적으로 접근한다. 아리스토파네스는 인간에게서 결핍으로 특징지어진 에로스로 가는 길을 열었던 인물이다. 이 결여는 아가톤이 깔끔하고도 어설프게 다시 덮어둔 것이었다.

디오티마의 이야기는 다음과 같은 내용이다. 아프로디테의 탄생을 축하하고, 충만의 신 포로스Poros(해결책, 출구)가 넥타르에 취해

잠이 든다. 곤궁을 뜻하는 여신 페니아Penia가 구걸하러 온다. 페니아는 포로스에게서 아들을 낳기 위해 그에게로 가서 눕는다. 이것은 그녀가 가난을 벗어나기 위한 하나의 계략이다. 이 계략으로 페니아는 부의 왕국, 즉 포로스의 왕국에 한 발 들여놓게 된다. 플라톤은 이 장면과 더불어 결핍과 충족의 교차Chiasma를 그려 보인다. 소크라테스는 이 교차로 에로스에 대한 진실한 연설에 대한 질문을 도입한 바 있다. 페니아는 결핍의 목록에 혼자가 아니다. 그녀가 포로스(해결책)와 더불어 아기를 낳고자 하는 계획을 꾸미고 이를 실현시키니까 말이다.(코프만 1983) 반대로 이것은 포로스가 자신의 절대 권력을 내려놓기 때문에 가능한 것이다.

그렇게 해서 에로스는 해결책 그리고 선함과 아름다움을 쫓는 재치있는 메티스Metis, 결핍 속에 사는 거지의 여신 페니아, 이 둘에게서 어떤 것을 부여 받았다. 에로스는 사생아, 혼혈아, 아니면 중간존재, 즉 다이몬이다. 그러한 중간자로서 에로스는 어디에도 안주할 수 없고, 언제나 이리저리 방황하면서 인간과 극단의 존재들 사이를 떠돈다. 에로스는 철학자이기도 하다. 왜냐하면 지혜sophia와 무지amathia 사이에 언제나 중간에 서 있으며 에로스 자신은 더 이상 지혜를 찾아다닐 필요가 없는 현자도, 지혜롭기 위해 어둠 속에 갇혀 있는 무지자도 아니기 때문이다. "지혜는 그야말로 가장 아름다운 것들에 속하는데, 에로스는 아름다운 것에 관한 에로스이다. 그래서 에로스는 필연적으로 지혜를 사랑하는 자일 수밖에 없다. 따라서 철학적으로 현자와 무지자 사이에 존재한다."(『향연』, 204a-c) 에로스에 관한 근본적인 착각은 에로스가 열망을 받는 대상이라는 가정 속에 있다. 그러나 에로스는 뭔가 다른 것이다. 에로스는 연인을 향한 열망이며 이러한 열망의 바탕에 있는 연인의 결핍이기 때문이다.

선善에 대한 사랑 그리고 아름다움美 속에서 번식을 위한 열망으로서의 에로스

아름다움과 선함을 열망하는 사람은 아름다운 것과 좋은 것이 자신에게 주어지기를 열망한다. 이것을 해결한 사람은 행복하며 일은 그것으로 끝난다. 더 이상의 어떤 문제도 필요 없다. 그리스어로 '사랑하다'와 '질문하다'의 유사성을 가지고 플라톤이 하는 놀이는 한편으로 질문하며 찾기로서의 지혜에 대한 사랑, 다른 한편으로 에로스적인 '요구'로서의 사랑 사이의 연결관계를 더 강화시켜준다.

이것은 의미론적 영역의 확장, 즉 일반화를 전제로 하는데, 디오티마가 에로스와 문학을 거의 동급으로 놓기 위해 비교함으로써 실행에 옮겨진다. 누군가가 찾고, 찾기 위해 물어보고, 열망하는 모든 것 속에는 따라서 에로스가 있다. 문학(창작poiesis)에서도 유사한 관계가 성립하는데 왜냐하면 존재로 들어오게 된 원인은 문학이라는 것이다. 그 때문에 모든 예술의 생산의 바탕에는 문학이 자리하고 있다는 것이다.

이제 아름다운 것 속에서의 출산(낳음)은 육체는 물론 영혼을 따라서도 고려되어야 한다. 그런데 이 자리에 플라톤이 돌연 '인간 anthropoi'이란 단어를 사용한다. 왜냐하면 모두는 육체와 영혼 속에서, 아니면 육체나 영혼 속에서 임신 가능하다. 모두는 그런 식으로 잉태하고 출산하려고 노력한다.(틱테인tiktein/게논타이genontai) 그러나 낳음은 아름다움 속에서만 가능하다는 것이 교화적인 설정이다. 남자와 여자는 몸속에 불멸의 것을 잉태한다. 남자와 여자가 그들의 필멸성을 넘어서려고 희망하는 한 말이다. 이러한 낳음은 추함(즉 필멸성 또는 죽음)을 외면한다. 사랑은 아름다움을 직접 향하지 않고 아름다움 속에서 낳음과 출산tokou을 지향한다. 생겨남genesis은 필멸성 속에서의 불멸성, 즉 영원한 사랑aei eros einai이며, 이것은 결국 불멸을 지향하기 때문이다.(영원성과 불멸성은 오로지 필멸적 존재들에게만 의미가 있다.)

영원한 선을 얻으려는 갈망

에로스와 욕망은 아직까지 분리되거나 명확히 차별화되지 않았다. 이것은 난폭한 상태로서 열렬히 사랑하는 사람들을 병적으로 보이게 만든다. 또한 에로스 속에서 생겨난 것을 위해 죽을 준비가 되어 있고 가장 강한 자들을 상대로 약자 스스로 방어할 준비가 되어 있다. 여기서 모성애 및 부모애는 일종의 원형Prototyp으로 도입되며 이는 우정에 관한 아리스토텔레스의 저술의 내용과 유사한 것이다.

불멸에의 소망은 인간을 신적으로 (그리고 신앙적으로) 만든다. 아드메토스를 위해 죽은 알케스티스나 파트로클로스의 죽음을 뒤따른 아킬레우스처럼 가장 사랑하는 이들을 위해 목숨을 버린 사람들한테는 그들의 미덕이 영원히 기억되기를 바라는 소망이 모티브로 부각된다. "그들은 모두 불멸의 덕과 영광스런 평판을 위해 하는 것이다. 훌륭한 존재일수록 더욱 그러하다. 그들이 불멸의 것을 사랑하기 때문이다."(『향연』, 208d)

영혼 속에 태어난 사람들은 이것을 보다 광범위한 의미에서의 포이에시스poiesis(산출, 행위, 만듦, 문학)를 통해 한다. 그들은 시인이며 예술가들로서 '창의적이라고 여겨지는' 이들이다. '창의적이라고 여겨진다'라는 이 구절은 『국가』 제2권에서 소크라테스에 의해 표현된 것으로 예술가에 대한 플라톤의 폄훼를 암시한다. 『국가』에서 시인들이 통일성의 의미에서 교화적으로 이념화시켜야 한다면, 『향연』에서는 예술적인 창조력과 문학이 철학적 아이디어의 산출을 위한 모델로 간주되고 고양된다. 그 원형모델은 그러나 '탄생'이다. 남자들 사이의 행위로—여기서는 은유적인 '탄생'이며—둘의 공동의 사상적인 자식(아이디어, 개념 등)의 '양육'을 의미한다. 개념적으로 보편화된 창작은 국가 운영에 있어서 최고로 실현되어 있으며 산출, 즉 법의 고안인데, 이 법은 정의와 분별의 적용을 말한다. 각자는 이러한 불멸의 자식들을 다른 사람들과 연합하여 잉태하려 해야 하며, 그것도 "위대한 시인에 초점을 맞추어"서 말이다.

고양과 멸시는 결국 시인들에게 해당하는데, 이 역시 현실과 그리 떨어져 있지 않다. 에로스에 대한 관계와 유사하게 '아름다운'

작품에 대한 미적 판단도 갈린다. 희극작가 아리스토파네스가 에로스를 완전함을 잃어버린 상태로의 치유적 회귀에서 찾듯이, 소크라테스/디오티마는 결핍과 과잉을 인간의 창조성, 인간의 창조적 능력으로 파악한다. 여기에는 모더니즘 시대의 예술의 탄생 훨씬 이전인데도 우리가 가지고 있는 예술 개념의 특징이 나타난다. 아리스토텔레스는 『시학』에서 미메시스와 포이에시스, 즉 모방과 창작의 교차성을 다루었고 이로써 근대 예술의 선취에 기여했다. '위대한' 예술가들, 역사 속의 남성들(예: 헤로도토스)이나 철학자들(예: 플라톤)에게도 죽음 이후의 삶에 대한 에로스적이면서 초현실적인 갈망의 중심에 명예와 추도사가 자리하고 있다.

숭고한 에로스로의 상승

청소년, 이들은 아름다운 외모를 지니고 있으며, 이들의 에로스는 아름다운 육체 속에 깃든 관념과 결합될 경우 육체의 아름다움, 보편화된 아름다움을 암시한다. 동시에 육체에 대한 아름다움(미)의 관념을 이해하는 것을 의미하며, 이를 통해 어느 특정한 한 사람을 위한 에로스의 거친 열정이 상대화되고, 완화될 수 있다. 그럼에도 불구하고 이런 숭고화와 미에 대한, 그리고 함께 미를 낳는 것에 대한 사랑을 그에 맞춰 축소시킬 수는 없다. 에로스-성적으로 열망하는 사람의 노예적 몰입상태에 반해, 이러한 상승 속에서 육체의 아름다움은 점차 별 가치가 없는 것으로 여겨진다. 그러나 인식을 낳는 것 역시 그 자체 목적이며 동시에 사랑의 기술에서 완성을 의미한다. 사랑하는 사람은 아름다운 것을 바라본다. 이 아름다운 것은 파멸에 내던져진 변화와 인물들과 그 양상의 다양성에 굴복하는 것이 아니라, 그 자체로 오롯이 영원히 어디서나 동일한 것이다.

따라서 '올바른 소년 사랑'에 의하여 이러한 승화를 이루는 사람은 거의 완성에 다다를 수 있다. 그리고 아름다운 것의 절대적 이념에, 그리고 그로부터 생성 소멸하며 그에 참여하는 모든 필멸의 존재들에게 다다를 수 있다. 이런 사랑의 상승은 결과적으로 구체적인 개개인의 다수성을 넘어, 존재들을 넘어, 그리고 행실을 넘어 앎에로, 마침내 "다름 아닌 저 아름다운 것 자체에 대한 앎"에로 올라가게 된다.(『향연』, 211c) 사랑하는 사람은 소년 애인을 사랑하듯 아름다운 것에 대한 관념과도 결합되기를 바란다. 인간의 육체sarkôn anthrôpinon는 그에 반해 마치 "덧없는 싸구려 장신구"(『향연』, 211e)처럼 소멸하게 된다.

디오티마의 연설은 '올바른 사랑'의 영역에서 여자를 제외시킨다. 플라톤이 여자의 입을 통해 이런 말들을 하게 하는 것이 그가 여자들을 제외시키는 행위를 더 '정당화'하기 위함이 아닌가 하는 의문은 미해결로 남아 있다.(할페린 1989) 따라서 디오티마라는 인물에 대한 수수께끼는 지금까지 제시된 어떤 가설을 통해서도 풀리지 않았다. 이것은 어쩌면 플라톤이 그의 영향력을 정확히 예측한 것에서 온 것이 아닐까 한다. 즉 수수께끼를 풀어야 하는 한 이 문제를 풀려고 시도하는 이들이 그 문제에 몰두하게 될 것이다. 이것 역시 플라톤이 펼치는 에로스의 "오래 지속되는" 구조와 관계가 있다.

알키비아데스의 등장은 이미 에로스의 특성을 잘 나타내는 등장 방식을 나타낸다. 준비성 없이, 즉흥적으로, 활기차고 거만하게("사랑은 ……로 돌진한다") 말이다. 알키비아데스는 자기를 사랑하는 사람들과 마찬가지로 자기로부터 사랑 받는 사람들을 노골적으로 요구한다. 따라서 곧장 아가톤과 소크라테스 사이에 자리를 잡는다. 물론 처음에는 소크라테스를 전혀 알아보지 못한다. 그에게 소크라테스는 흡사 그 자리에 없는 존재와 같았다. 알키비아데스는 특히 전략가, 즉 전쟁 지휘관으로 알려진 인물이었다. 그가 소크라테스를 바라보고 불쾌함을 느낀 것은 전혀 놀랄 일이 아니다. 알키비아데스는 자신이 불쾌한 것은 철학자에 비해 노예 상태에 있음에 대한 불만의 표출이라고 설명한다. 왠지 지속적이며 소크라테스로부터 동일한 의미에서 응답 받지 못한 연애를 근거로 알키비아데스는 포로처럼 무력하다고 느낀다. 사랑에 빠졌다는 것은 의존적 상태로 이로써 예속 상태에 놓인 것이다.

플라톤/소크라테스의 접근 방식은 이 점에서 회피라거나 금욕적인 것과는 확연히 다르다. 플라톤적인 인내의 의미에서 철학자는 스스로의 질문 때문에 드러난 심연들을 통과해야 한다. 여기서 핵심은 알키비아데스가 정확히 묘사하고 있는 육체-영혼의 파멸이다. 이때 에로스의 문제에서 열렬히 사랑하는 사람이 사랑 받는 사람의 번영과 쇠락에 내던져져 있을 경우 삶 자체가 위험에 빠지게 된다. 사랑의 응답이 없는 것(부재)은 좌절로 이끈다. 알키비아데스는 자신의 응답 받지 못한 구애求愛에 대해 노골적인 보고를 한다. 시간이 한참 흐른 다음 알키비아데스는 소크라테스 곁에 자리를 잡는다. 알키비아데스는 소크라테스에게 직접적인 "구애"는 하지 않는다. 그것은 자신과 같은 귀족 계급의 아테네 시민에게는 어울리지 않기 때문이다. 그러나 알키비아데스는 소크라테스가 원한다면 자신에게 돌아가야 마땅한 것을 거부하지 않을 것이라고 공개적으로 알린다. 소크라테스는 알키비아데스를 거부하고 알키비아데스는 부끄러움을 느낀다. 하지만 알키비아데스는 거부에 대한 창피함도 없이 술 취한 상태에서 연설을 한다. 소크라테스 이외에 어느 누구도 자기 얼굴에 부끄러움으로 홍조를 띠게 만들 수 없다고 장담한다. 단지 알키비아데스에게는 민중이 보장해주는 명예만이 연설의 달인에 맞서 창피스러운 미흡함에 대한 느낌에 위로가 된다. 그러나 소크라테스의 연설을 들은 후에 알키비아데스가 깨달은 사실은 그동안 자신이 등한시했던 아테네 국가의 현안들을 해결하는 것만이 자신의 부족함을 상쇄할 수 있다는 것이다.(『알키비아데스』, 124b도 참조)

아테네 폴리스의 몰락하는 영웅인 알키비아데스는 자신의 보고에서 격정을 감추지 않는다. 알키비아데스는 소크라테스의 탁월한 연설이 그의 눈물을 쥐어짜며 심장을 더 높이 뛰게 만들었다고 한다. 이것은 소크라테스의 연설이 아니라 그 연설의 아름다움이 그를 이런 궁색한 처지로 몰아넣는다는 것이다. 아름다움이란 실레노스적 아름다움으로 이제 찾아 발견되어야 할 터인즉 진리, 즉 알레테이아alêtheia, 사물의 '본성'처럼 감추어져 있어 눈에 띄지 않는 아름다움을 말한다.

전복과 유혹의 은유가 이 연설에서 차례로 교차한다. 소크라테스는 젊은 알키비아데스를 사랑 받는 자(에로메노스)에서 사랑하는 자(에라스테스)로 만들어 역할을 뒤집는다. 소크라테스는 연애에 있어 보통 수동적인 젊은 연인과 나이 든 연장자라는 거의 정형화된 질서를 거꾸로 뒤집는다(물론 그리스에서 실제 연애 사건에서 종종 있었던 일이다). 둘 사이의 에로스적 장면에서 소크라테스는 마치 여자들이 그러하듯이 자신의 머리를 감추고 피해버린다. 따라서 성적인 결합에 이르지 못한다. 이런 방식으로 역할의 호혜주의 또는 상호관계의 가능성이 도입된다.(할페린 1989) 그 효과는 엄청나다. 왜냐하면 권력을 쥔 알키비아데스가 그로 인해 '할례'를 받는다. 즉 그는 계속 결핍에 시달려야 하고 그것을 이야기하는 시점까지 이겨낼 수가 없다. 동시에 그는 거절의 신호를 알아차려야 하는데 이는 소크라테스를 금욕의 상태로 이끈 건 욕망의 결여가 아니라 현명한 자기방어였다는 사실이다. 알키비아데스의 유혹은 결국 나이 든 철학자 소크라테스를 사로잡기 위한 목적이 있었다. 그러나 끝에 가서 철학자 소크라테스는 그에게서 빠져나갔을 뿐만 아니라 그때부터 알키비아데스 자신이 소크라테스의 손아귀에 들어 있음을 알게 된다.

역사적 인물 알키비아데스가 아테네 폴리스를 와해시킨 나르시시즘적 행동은 실제로는 도움이 되지 않는다. 그의 '거세' 즉 자신이 전권을 쥐고 있지 않으며 모든 사랑을 수중에 넣고 있지 못하다는 사실을 인정하는 것은 술에 취한 탓에 좀 흐릿해진다. 이야기가 저절로 흘러간다. 플라톤은 알키비아데스의 등장을 우연히 그의 역사적 패배, 그의 붕괴 바로 앞에 놓은 것이 아니다. 플라톤이

『국가』에서 다루고 있듯이, 정치에서 에로스는 폭군적이며 한 도시 국가의 분위기는 민중이 그 지도자를 '사랑'할 경우 의외로 증오와 집단적 폭력으로 전도될 수 있다.

돌이켜 보면 알키비아데스의 이야기는 변증법적인 움직임의 의미에서 승화를 하나의 상승으로 연출하고 있다. 즉 마지막에 가서는 상승으로 입증되는 하강을 보여준다. 연설 순서는 철학적, 즉 로고스적으로 볼 때 디오티마의 연설이 정점을 이룬다. 로고스로서의 이 정점은 감성을 수단으로 소크라테스에 대한 '정신 나간' 알키비아데스의 연설에 의해 묻혀버린다. 이 마지막 연설은 소크라테스가 한 디오티마의 연설을 자리매김하는 것으로 볼 수 있는데 그렇게 해서 그 의미가 남성적으로 구현된 다음 연설에 의해 비로소 제대로 효과를 낼 수 있다. 동시에 이 연설은 그때그때 에로스에 관한 연설자들의 자리매김도 되는데 연설자가 대변하는 에로스의 의인화로 볼 수 있다. 창조적 원칙으로서의 에로스 말이다. 여기서는 아름다운 것 속에서의 출산의 정신을 말한다.

소크라테스는 자신의 이름으로 말하지는 않았지만 알키비아데스의 연설 속에 그 인물이 평가되어 있다. 이로써 나중에 온 손님 알키비아데스는 진정한 진짜 철학자 소크라테스를 청자/독자의 눈앞에 생생하게 보여준다. 알키비아데스가 한 연설의 이러한 반어적이며 점술가적인 양상은 에로스가 어떻게 생겼는지를 보여주는 게 명백한데도 불구하고 종종 평가절하되곤 한다. 이런 의미에서 전체 이야기는 섬세하게 의인화된 에로스의 미학을 나타내고 있다.

제2장

『파이드로스』 그리고 그 너머: 플라톤 II

열애 상태에 빠진 사람에게 엄습하는 마니아, 즉 광기는 『파이드로스』의 핵심을 차지하면서 『향연』에서의 포이에시스(창작, 만듦, 문학)와 비교된다. 이 두 개념은 철학적 형상으로서의 에로스를 보다 깊이 이해하고 확장하는 데 기여한다. 철학적 형상으로서의 에로스는 결코 확실한 선을 그을 수 있는 것은 아니나 체험된 현상, 철학적 개념 그리고 허구의 또는 사변적인 상상의 접점에 위치하고 있다. 소크라테스는 고무된 영혼, 즉 철학적 존속이라는 의미에서 에로스를 다시 한 번 활성화시키는 영혼과 관련하여 광기를 다루고 있다.

이제 에로스와 철학의 연관관계는 디오티마의 연설에서보다도 훨씬 더 강하게 기존 삶의 세계에서의 체험을 넘어서는 시도로 이해된다. 그 때문에 『파이드로스』의 서두에서도 열애 상태에서 오는 유해한 부작용들에 대한 질문이 제기된다. 왜냐하면 세상을 초월하는 것이 언제나 상대성의 상실 및 망상과 어느 정도 연관되기 때문이다. 에로스가 질병으로서 개입한다. 물론 아리스토파네스의 연설에서와는 다른 징후로 나타난다. 왜냐하면 『파이드로스』에서는 직접적인 사랑의 포옹을 할 때 생기는 공생적인 세상과의 단절은 더 이상 문제가 되지 않으며 엑스터시 상태와 독점 상태를 통해서 나타날 수 있는 성격상, 심리상의 해로움에 대한 질문이 중요하기 때문이다. 좀 더 구체적으로는 성인 애인으로부터 사랑을 받고 있는 소년 애인에 끼치는 부작용이 문제가 되며 추상적으로 볼 때 존속하는 가치의 촉진 또는 방해가 문제가 된다.

이러한 에로스 차원의 핵심에는 에로스-안테로스라든가 에로스-타나토스 쌍이 연관되어 있는데 이 연관성은 많은 에로스 운명의 치명

> 적 결합을 더 이상 심리학적 의미에서만이 아니라 개념논리적 의미에서도 비로소 이해하게 만든다.

파이드로스

소크라테스와 젊은 파이드로스가 휴식을 취하기 위해 자리에 앉은 다음 파이드로스는 자기의 수사학 스승인 리시아스의 에로스에 대한 연설을 읽어준다. 연설 자체는 단순하게 짜여져 있으며 사랑하는 사람에게 또는 사랑하지 않는 사람에게 순종적으로 대하는 것이 더 좋은지에 대한 질문에 대답한다. 유사 문학 형식의 이 글은 스승 리시아스의 그릇된 면모를 암시하고 있는데 소크라테스는 이를 이내 들춰낸다. 사랑하는 사람은—파이드로스와 리시아스에 따르면—젊은 사람에게는 좋지 않으며 그 이유는 사랑 받는 사람으로서 모든 가능한 부당함을 자신이 뒤집어써야 하기 때문이다. 받아들일 수 없는 불쾌함, 쾌락이 충족된 이후의 변심, 모든 가능한 관점에서의 원망, 관심의 대상으로서 다른 모든 사람 앞에서 누린 혜택에 비해 연인에게서는 관심을 받지 못하는 것 등이다. 리시아스의 염세적인 인물묘사에서 보면 사랑하는 사람은 오로지 급히 육체적 만족만을 추구하는 "흡혈귀"이자 강간범과 같다. 에로스는 굴종적으로 만드는 강력한 힘이며 모든 것을 자신에게 예속시키고 모든 인간을 처음부터 나쁜 인간으로 만드는 강력한 힘이다. 우리는 여기서 이미 이러한 문제 인식이 작가 리시아스 자신과 연관이 있을 수 있음을 예견한다. 이것은 소크라테스가 암시적으로 감추고 있는 것이기도 하다.

소크라테스는 말을 시작하면서 처음에는 자신을 은폐시킨다. 약속한 대로 유사한 에로스 관련 험담을 하는 것에 대해 부끄러움을 느꼈기 때문이다. 소크라테스는 파이드로스와 리시아스가 그려 보이는 이야기를 (이들 이름은 거론하지 않고) 시작한다. 그 이야기는 많은 애인을 거느린 아름다운 소년에 대한 것이다. 그들 중에 특히 교활한 한 사람이 다른 사람처럼 자신도 사랑에 빠졌으면서 자기는 전혀 사랑에 빠지지 않았다고 주장한다. 그는 소년을 순종적으로 만든 다음 사랑하지 않는 사람들을 총애해야 한다고 설명한다. 그의 설명은 리시아스 연설의 보충이나 인용처럼 들리기도 한다. 소크라테스는 욕망의 또 다른 단점들을 열거하는데 이 욕망은 유쾌함을 향한 타고난 노력으로 최고를 지향하는 후천적 성향과도 구별된다.

첫 번째 욕망은 어떤 형태로든 지나침에 대한 병적 욕망, 탐욕에 치우친, 히브리스Hybris(오만, 교만)와 같이 여러 이름을 가진 욕망이다. 변화는 단순하고 미리 예견 가능하다. 사랑하는 사람의 육체에 대한 탐욕, 경쟁자가 될 여지가 있는 모든 사람에 대한 질투, 사랑받는 자가 그의 애인을 앞지르지 않도록 안전상의 이유로 언제나 유약하고 정신적으로 평온해야 하는 사랑 받는 자에 대해 소유욕에 사로잡힌 행동 등이다. 지혜는 앞서 말한 이유에서 그에게 전혀 수여되지 않을 것이다. 의존적인 사랑은 그 후에 반항적 행동으로 전도된다. 소크라테스의 연설은 비유로 끝을 맺는다. "늑대가 양을 좋아하듯, 사랑하는 사람은 소년을 사랑한다."(『파이드로스』, 241d)고.

광기Mania로서의 에로스

소크라테스는 연설을 철회할 수밖에 없었는데, 그것은 사랑의 주제 안에 있는 또 다른 토포스이다. 소크라테스는 자기가 에로스를 모욕했다는 이유로 연설을 취소하고 에로스가 하나의 신의 선물이라는 데 파이드로스와 견해를 같이한다. 이 신의 선물을 소크라테스는 이제 광기로 묘사한다. 사랑을 신에게 받은 광기와 연관짓는 것은 변증법적, 즉 논쟁적인 개념의 차별화를 가능하게 한다. 따라서 점술적mantike 광기, 예언적 광기, 그리고 제3의 것으로 뮤즈 여신으로부터 오는 시적 광기, 이 세 가지가 있다. 연인에 대한 불안은 소심한 방어로 간주되어야 하는데, 이는 이 불안이 연인의 광적인 사로잡힘의 위대함을 제대로 보지 못하고 그 안에서 위협만을 보기 때문이다.

그러나 에로스 속에서의 광기는 철학적으로 높은 경지에 있는 남자들의 영혼에게 이데아의 세계를 순간적으로 들여다보도록 허용한다. 이것을 그려 보이기 위해 소크라테스/플라톤은 영혼의 반쪽들 간의 충돌에 관한 신화를 만들어낸다. 우리 인간과 같은 필멸의 생명체는 혼합된 "영혼의 쌍두마차"이며 그 소유자이다. 이 필멸의 생명체 안에는 신적이고 선한 영혼, 즉 순수한('아름다운'이란 단어를 피하기 위해) 영혼과 나쁜 영혼, 즉 육체적-필멸적 영혼이 결합되어 있다. 쌍두마차의 비유에서 이런 충돌은 두 마리의 말 사이의 싸움으로 묘사된다. 이성적이고 아름답고 흰 말은 위를 지향한다. 즉 신적인 높이를 지향하는 반면 못생기고 (나쁜 쪽의 몫을 지닌) 검은 말은 아래를 향해 거세게 잡아끈다. 마부는 흰 말을 마구잡이 검은 말에 대항하여 끈기 있게 붙잡고 있으려 하며 검은 말을 제어하려고 한다. 즉 조화를 만들어내려고 시도하는 것이다. 착한 영혼은 털갈이를 한다. 이는 어떤 육체에 매임이 없이 스스로 날 수 있음을 의미한다. 또 다른 영혼은 에로스를 통해 깃털이 자라서 그 깃털의 도움으로 엄청난 행위로 도약할 수 있다. '쌍두마차' 신화는 이런 과정을 육체이든 영혼이든 어렵고 고통스러운 과정, 즉 출산에 맞먹는 과정으로 묘사하고 있다. 깃털이 사랑하는 사람이 사랑받는 사람을 바라볼 때 자라 오른다. 사랑하는 사람은 사랑 받는 사람에게서 자기가 그 이전의 생에서 관조했던 아름다움을 다시 알아본다. "그 사람을 만나면 마치 온몸이 뜨거워지는 느낌 다음에 생기는 변화와 땀으로 뒤범벅되는 느낌 그리고 이상한 열기가 엄습해온다."(『파이드로스』, 251a–b. 플라톤은 여기서 앞서 언급했던 사포의 시를 거의 그대로 인용하고 있다.)

이 신화는 윤회설을 표현할 뿐만 아니라 영혼과 육체의 모순된 통일, 열망과 지식욕의 결과에서 나온 정신적 통찰의 모순적 통일, 개인과 사회의 모순적 통일을 성찰하고 있다. 여기에서 우리는 프로이트의 세 가지 심급 "Nous, Thymos, Epithymia"를 떠올릴 수 있다. 프로이트가 자아 개념을 차용한 노우스Nous(정신)는 '마부'이다. 티모스Thymos(정신과 이성을 향한 용기)는 부분적으로 프로이트의 '초자아'와 유사한 흰 말이며, 에피티미아Epithymia(충동)는 그 구조상 프로이트의 '이드'와 닮은 검은 말이다.

다시 『향연』으로 그리고 그 너머

에로스에 관한 플라톤의 가장 중요한 대화편에서는 상이한 개념적 차원에서 시작하는 일련의 하부구조를 볼 수 있는데 이 하부구조들을 보면 첫째 에로스 또는 욕망을 양분하는 것, 둘째 마니아, 즉 광기를 세 가지로 나누는 것인데 그중에서 제3의 광기는 광기의 가장 지고한 형태로서 에로스와 맞먹는다. 그런 다음엔 에로스의 작품 또는 생산품erga, 또는 유기체에 따라 구분한다. 이 유기체는 신체적 '도구'이며, 날개로서 새로운 영역과 범주를 얻기 위한 수단인 동시에 영혼의 운반도구, 한마디로 신체적인 모든 것으로 관념성과 감수성에 따라, 위아래 등에 따라 위계질서가 확립된다.

텍스트와 이야기의 구조, 그리고 논리적 구조 사이에 한 번 더 반향Resonanz 구조가 형성된다. 양 극단 사이의 불균형과 동시에 제3의 것을 넘어선 균형은 플라톤 저술에 거듭 반복되는 존재론적 구조이다. 그럼에도 불구하고 『향연』, 『파이드로스』, 이 두 대화편은 매우 상이한 방식으로 사랑을 다루고 있는데, 개개인의 관점은 물론 폴리스의 관점에서도 다루고 있다. 에로스는 플라톤의 철학에서 철학 자체를 이해하는 데 가장 중요하다. 즉 지혜와 아름다움과 선함과 진리, 행복의 추구함이 마치 신으로부터 어떤 영감을 받아 행하는 것으로 간주하는 것이다. 욕망, 향유, 산출 및 창작poiesis으로서의 에로스, 광기로서의 에로스는 실천에서 그리고 이론에의 접근에서 절대불가결한 것으로 입증된다. 여기서 이론이란 엄청난 철학적 노력을 한 다음 인간에게(곧 남성들에게) 접근 가능한 영원한 이데아를 정신적으로 관조하는 일이다.

육체적 사랑에서 에로스는 우선 짧은 기간 충족된 욕망으로 나타난다. 그런 다음 수양하고 정화되고 마침내 승화되어 영속적인 철학에 이르기 위해서이다. 플라톤은 섹스 금지를 발설하지 않았다. 육체적 섹스 자체는 어디에서도 윤리적으로 비판하지 않았다. 이 문제는 사도 바울과 리시아스를 닮은 추종자들에게 위임한다. 그러나 분명한 것은 플라톤의 양자택일 사고이다. 즉 육체적 욕망이 남김없이 삶으로 실천되거나 아니면 억누르거나 철학적으로 승화된다. 육체적인 에로스와 철학적인 에로스를 어떻게 적절히 중개하느냐 하는 문제는 논의되지 않는다. 그리스도교에 의한 에로스의 공동화空洞化가 플라톤에서 시작된 것은 우연이 아니다. 극단의 분열을 대가로 치렀다 하더라도 말이다.

에로스–안테로스

고대의 에로스는 항상 안테로스와 타나토스라는 그림자를 동반한다. 안테로스는 그 자체로 에로스와 다름없는 양가적인 개념이다. 이 말은 한편으로는 사랑에 대한 보답으로서의 사랑을, 다른 한편으로는 사랑의 경쟁을 주도하는 신을 일컫는다. 이 신은 연인들이 사랑을 찾는 과정에서 아프로디테에게 속해 있는 페이토Peitho(설득)와 마찬가지로 아주 중요한 역할을 한다.

안테로스의 어느 쪽에 비중을 두든 안테로스와 타나토스는 서로 매우 밀접하게 연결되어 있다. 사랑에 대한 보답으로서의 사랑인 안테로스가 결여되면 불행한 연인들은 경쟁자가 그 사랑을 쟁취하게 될 때 마치 죽음을 맞이하는 감정을 느낀다. 물론 그리스인들이 사랑을 시합처럼 다루긴 했어도 에로스적 의미에서 사랑은 게임이 아니다. 그리스인들은 사랑을 교환이라는 영역 내에서 길들이려고도 했다. 한 편은 역할 교환의 영역에서, 다른 편은 그때그때 역할에 따라 선물의 교환이라는 영역에서 그렇게 했다. 따라서 고대 그리스에서는 여성이 남성에게 또는 사랑 받는 사람이 사랑하는 사람에게 선물을 해선 안 되었다. 그 반대의 경우는 일반적이었다. 선물하는 사람은 그 자신을 주는 것은 아니지만 아직 줄 수 있는 것이 많다. 다른 한편 사포의 여성 동성애의 세계에서 여성들은 당연히 선물을 주고받았다. 이것은 기원전 5세기의 고전 시기보다 고대 시대(이 여류시인이 살았던 귀족사회 때)의 에로스가 훨씬 더 엄격하지 않은 것으로 보인다는 사실을 암시한다.

소크라테스 역시 『향연』(알키비아데스 연설)에서 역할을 뒤집는다. 그는 거절함으로써 자신을 뒤쫓아가는 자에서 뒤쫓음을 당하는 사람으로 역할을 바꾼다. 알키비아데스는 연애 상태의 모든 증상을 지닌다. 응답 받는 사랑이 없어지자, 알키비아데스는 완전히 원한에 차서 응답 받지 못한 사랑에 대한 복수로 볼 수 있는 안테로스에 집착한다. 이 안테로스를 리시아스는 자신의 사이비 문학에서 그리고 소크라테스는 그의 험담에서 에로스의 정수로 만든다. 소크라테스의 거절은 결국 응답 받는 사랑으로서의 안테로스를 부채질하게 되는데 이는 연인관계의 비대칭이 유지되고 있는 『파이드로스』에서 보다 더 상호적이 된다. 사랑하는 사람의 나르시스적인 안테로스에서 그는 연인의 사랑스런 눈빛을 통해 자신을 바라본다. 그 사람과 사랑에 빠지지 않은 상태에서. 사포의 경우 안테로스는 현존하는 시 단편들 속에서 명시적으로 언급되고 있지는 않다. 그러나 「아프로디테 찬가」에서 사포는 여신을 부르는데, 이는 여신이 사랑 받는 이의 응답 받는 사랑을 쟁취하기 위한 투쟁에서 자기편에 서줄 것을 바라는 마음에서이다. 플라톤의 경우는 반대로 비대칭적이고 상호관계적인 에로스 사이의 접점에서 안테로스를 설명한다. 에로스의 영역에서 안테로스가 필연적으로 존재해야 한다는 것은 에로스가 성찰적임을 말해준다. 즉 자신에게로 돌아가 자신과 관련지어 숙고하는 것이다.

에로스가 이것을 직접적인 방법으로 하는가 아니면 간접적인 방법으로 하는가? 그리고 어떻게 에로스의 결여 요소(결핍, 열망하기, 밀고 당기기, '자리를 빼앗는' 충동 과잉의 모든 조절 기능)가 육욕의 충족에서 효력을 발휘하는가? 교환 대상은 단지 향유를 위한 매개체에 지나지 않는 것 아닌가? 그리고 향유란 소비된 에로스, 즉 욕망의 재투입인 것이다. 알프레드 가이어(2002)는 에로스의 대상이 비교적 잘 알려져 있지 않다는 이유에서 질문을 무한대로 변화시킨다는 사실을 강조한다. 예를 들면 우리가 사랑하는 것은 무엇인가, 아니면 그것은 아무것도 아닌 것은 아니다라는 뜻인가? 왜 우리는 사랑을 하며 더 이상 사랑을 하지 않지 않는가? 더 이상 답이 없는 그곳에, 즉 우리가 에로스에서 보존할 수 없는 나머지를 결핍이라고 합의를 보았기 때문에 우리는 질문에 의존적일 수밖에 없고 '나는 사랑한다erao', '사랑 받는 것erotos', 그리고 '나는 질문한다eroto'의 언어 유희가 다시 한 번 효력을 발휘하는 것이다.

에로스의 사회화는 애모와 열망이—여기선 상호성의 개념으로—일종의 사회적인 관계망 속에 질서를 잡는다는 사실을 함축하고 있다. 직접적이고 상쇄시키기 어려운, 언제나 과도한 성향을 동반한 정념은 이로 인해 충격이 완화된다. 이러한 중개와 종종 병적으로 체험된 격정의 충격완화 경향은 헬레니즘 시대에 더욱 강하게 효력을 나타내며, 특히 스토아학파의 전통에서 그렇고 플루타르코스에게서도 보게 될 것이다.

에로스-타나토스

에로스가 타나토스와 어떤 연관이 있을 거라는 사실은 오늘날까지도 부정되곤 한다. 표면상 정반대로 보이는 것을 체계적으로 분리하는 것은 순수선의 유지가 중요할 경우 그 장점을 드러낸다. 헤겔이 지칭한 대로 순수와 선의 편에 서 있다고 생각한 "아름다운 영혼"들은 나쁜 것, 추한 것, 역겨움, 건강에 해로운 것, 특히 사악한 것들을 분리하거나 최소한 환상과 수사학 속에서 현재와 동떨어졌을 경우에 철학의 제국에서 급속히 옆으로 밀려났고 밀려나고 있다. 이러한 입장이 이러한 분리로 이어졌을 뿐만 아니라 심오한 도덕화 효과가 있다는 것을 이미 소피스트들은 물론 소크라테스 자신도 인식했을 것이다. 플라톤이 보여주는 소크라테스는 (죽음의 불안에 맞서 교화적인 이야기를 해주어야 했을 때) 이런 입장을 인지했을 뿐만 아니라 소크라테스적 방식으로 비꼬았고 그것을 해치기도 했다.

에로스 개념과 관련하여 보다 근원적인 대립과 중재, 즉 에로스와 타나토스와의 연관성에 최소한 개념적으로 선행하는 것은 즐거움(헤도네hedone)과 불쾌 내지는 고통(리페lype) 사이의 관계이다. 특히 『법률』에서 플라톤은 균형잡힘의 중요성 내지는 교육(파이데이아paideia)을 위한 이들의 최상의 결합의 중요성을 역설한다. 그러나 『티마이오스』(이것은 플라톤 자신의 인간 개인의 생성발전사이자 신의 생성발전사이며 당시 지배적인 헤시오도스 신화와 모순된 입장에서 서술한 것이다.)에서는 불쾌를 유발하는 위협을 선택적 교육 수단으로서 동화에서 달콤함과 즐거움을 만들어주는 기쁨과 마찬가지로 부각시키고 있다. 교화적인 동화는 인간의 원초적 불안을 누그러뜨리는데 이 불안감은 원래 어린이들의 불안감이기 때문이다.

플라톤의 에로스에서는 인간 영혼의 대립이 더 첨예화된다. 이 대립은 기존의 즐거움과 불쾌 간의 대립을 훨씬 넘어선다. 그래서 에로스는 죽음의 체험에 접근할 수 있다. 이는 사랑에 빠진 상태가 극단의 상태, 즉 강한 충족과 결핍의 상태로서 절망적인 의존 상태에 빠질 수 있으며 특히 사랑이 응답되지 않거나 충분할 만큼 응답되지 않을 때 그럴 수 있다. 플라톤은 에로스를 마음에 대한 위험으로 볼 뿐만 아니라 우리의 사고 기관, 즉 정신(칼라메 1996)에 대한 위험으로도 본다. 그래서 광기를 동반한 에로스를 아주 특별한 심적-정신적 상태로 보는 것이다. 환희에 차서 들뜬 광기는 정신이 나가게 할 뿐만 아니라 우울의 심연에 빠지지 않도록 무엇보다 날

개를 부여한다. 이는 오늘날의 심리병리학에서도 영혼의 열정에 대한 체계적 전문용어로 유지되고 있는 것이다.

에로스의 영역에서 죽음의 체험의 중요성이 간과되면 바로 거기서 시작되는 치유론 역시 인정받지 못한 채로 남게 된다. 이 치유론은 사랑의 고통을 막는 위로의 역사를 만들어낸다. 그래서 『파이돈』에서 윤회론을 포함하여 상기설想起說의 신화가 등장하게 된다. 『파이돈』에서 이제 막 시작되는 소크라테스의 죽음은 견뎌낼 만하게 되어야 한다. 이렇게 볼 때 플라톤이 위로를 주는 이 이야기는 『국가』에서의 "고상한 거짓말" 전략에서 그리 벗어나지 않는다. 소크라테스는 『국가』에서 민중의 안녕을 위해 선포되기를 바라는 거짓말을 한다. 이것은 정치적이고 이념적인 노선을 유지하기 위해서였다. 『파이돈』에서는 웃고 있는 제자들이 눈물을 흘리지 않도록 해야 한다. 이미 독배를 마신 소크라테스 역시 그래야만 한다. 현세의 삶을 떠나는 일, 그것은 사후에 더 나은 삶, "은둔적인 삶, 소박한 삶"으로 가는 게 확실하다고 믿는 사람들에게만, 아니면 사랑의 상처로 이미 절망한 사람들한테나 쉽게 생각될 수 있다.

상사병으로 인한 죽음을 치료하는 약은 보다 젊은 사랑의 대상자들과 벌이는 철학적 문답 형식의 놀이였다. 진짜 죽음을 앞에 두고서는 훨씬 더 엄청날 정도로 위로하며 치료하는 효과를 볼 수 있는데 이는 『파이돈』에서 소크라테스에게 닥친 것과 같다. 그럼에도 불구하고 교화적인 신화로 별로 위로를 받지 못한 제자들은 끊임없는 탄식 때문에 이미 이야기가 시작되기 전에 쫓겨나서 위로받을 길이 없는 여성들과 마찬가지로 뒤처지게 된다. 어쨌든 플라톤은 소크라테스를 위해 기념비적인 "하늘의 무덤"(파울 첼란, 임레 케르테스)을 만들게 될 것이다. 플라톤이 스승 소크라테스를 사랑한 것일까, 그리고 소크라테스는 플라톤을 사랑한 것일까? 이 질문이 제도권 철학에서 제기된 적이 있었는지 기억이 없다. 이 문제가 영원히 분명한 답이 없이 지속되어야 하기 때문만은 아니다. "플라톤은 이미 떠났다."—이것이 우리가 그의 저술을 통해서(편지 제외) 알고 있는 전부이다.

에로스 속의 신화 – 신화 속의 에로스

플라톤이 만든 신화는 폭넓고 정전화正典化되지 않은 이야깃거리들을 『향연』에서 파이드로스가 신화사적으로 재현하였다. 헤시오도스의 신화는 그리스인들 사이에 보편적으로 알려진 세계의 생성과 존재(신, 영웅, 인간)의 생성을 보여준다. 신들의 생성을 전하는 헤시오도스의 『신통기』는 에로스를 태초의 힘 중 하나로 본다. 즉 카오스(틈)가 태초에 생겨났고 그 다음 타르타로스, 에로스, 가이아와 (오)우라노스가 이 카오스로부터 생겨났다. 이어 헤시오도스는 몇몇 이름을 거론하는데 앞서 언급한 이름들처럼 필로테스philotês, 즉 사랑의 결합이 없이 생겨났다. 오히려 이들은 혼자 임신하고 출산하는 그런 개별 신성의 후손들이다. 카오스는 밤을 탄생시키고 밤은 에레보스Erebos, 즉 어둠을 탄생시키며, 에리스Eris, 즉 싸움은 낮을 탄생시킨다. 에로스와 에리스는 단어의 유사성은 있지만 연합하는 동시에 분리시키는 원칙으로서 서로 정반대의 위치에 있다.

이러한 모순의 합일은 "지체肢體를 해체하는 에로스"란 표현 속에 잘 나타나 있다. 지체들은 해체되려는 경향이 있어서 몸을 산산이 찢어발기려고 위협한다. 이때 몸은 그 자체의 모순 속에 존재하는 영혼을 보여주기 위한 목적으로 사용된다. 물론 앞서의 완전성을 배경으로 말이다. 이러한 설명은 에로스 속에서 또는 에로스를 통한 정신적·육체적 감정과 해체 상태 또는 내면적 모순 상태alytos를 결코 배제하지 않는다. 오히려 이들의 혼란스럽고 무질서한 존재방식에 특정한 형상을 부여하는데, 이것은 이러한 까다로운 현상을 파악하는 데 필요한 최초의 실마리를 제공한다.

에로스 신 자체는 『신통기』의 이후 이야기에서 두드러진 역할을 하지 못한다 하더라도, 에로스가 처음부터 언급되었다는 점과, "지체를 해체하는 에로스"로서의 역할은 아주 유명하다. 이로써 그리스적 상상력의 전통과 그 안에서 발전된 에로스 철학의 전통을 형성한다. 플라톤에게 큰 의미가 있었을 것으로 추정되는 또 다른 신화, 에로스의 결합시키는 힘을 시사하는 신화는 시로스의 페레키데스의 신화이다. 페레키데스는 헤시오도스보다 100년쯤 뒤에 살았다. 그도 역시 에로스에 본연의 의미를 부여한다. 그의 우주생성기 및 신통기에서는 우선 크로노스(시간), 크토니아(흙) 그리고 세계 건설자인 제우스가 언급된다. 이 제우스는 흙과 결합하며 그 대신 스스로 에로스가 된다.

반면 신의 탄생에 관한 오르페우스 신화는 에로스에게 아주 중심적인 역할을 부여한다.(드티엔 1998) 최초 탄생자로서 오르페우스는 빛을 내는 자, 파네스Phanes이며 모든 존재하는 것들에 광채를 부여한다. 오르페우스는 메티스, 즉 방책, 계략으로도 불린다. 죽음은 오르페우스 전통에서 결코 존재감이 사라지지 않지만 에로스는 필멸의 제국에서 절대적 권력에 맞서 모든 것을 강구한다. 오르페우스 '종파'에 속하는 흰색 옷을 입은 채식주의자들은 먹기 위한 고기를 얻으려는 목적이든 종교적인 제물의 목적이든 모든 살상phonos을 멀리한다. 오르페우스 종파 추종자들은 디오니소스 추종자들과 유사하게 오르페우스적 생활양식과 더불어 공식적인 종교적 제식, 즉 봉헌뿐만 아니라 이어지는 의식적 취식 행위를 의무적으로 규정하고 있는 제식에 단연코 반대한다. 살상과 육식에 대한 이러한 특수한 부정은 제식에서 피해야 할 요소에 대한 지속적이고 철저한 사려와 성찰을 보여주는데 여기서 제식은 일종의 강제행위로 간주된다. 이러한 관점에서 입에 들어가는 것이 거절과 기피의 대상이 된다는 것은 그것이 먹고 싶은 욕망의 진정한 대상이라는 의미를 갖는 것이다.

플라톤(『법률』, 782c)은 오르페우스적 태도를 일종의 아름다운 영혼의 고행으로 자세히 표현한다. 플라톤은 자신의 주인공인 '아테네 사람'으로 하여금 고행적 오르페우스 생활방식을 죽음과 연결 지어 설명하도록 한다. 즉 이런 생활방식을 선택하는 사람들은 원래 살아 있는 존재성을 회피하는 사람들이라는 것이다. 그들은—생각을 좀 더 발전시켜 보면—기본적으로 그들의 영웅 오르페우스의 연인 에우리디케처럼 거의 죽은 존재들이라는 것이다. 플라톤은 여기서 어쨌든 분명하게 전복과 부정의 비유로 마치 유희를 하는 듯

하다. 인간들은 그러니까—이런 추측이 가능한데—오르페우스적 의미에서 욕망의 대상을 먹고 싶다는 생각을 절대로 해서는 안 된다. 예를 들면 "당신을 먹어 없애고 싶을 만큼 당신을 사랑해요"라든가—아니면 좀 더 격하고 구체적인 사례로—클라이스트의 『펜테질레아』에서 주인공 아마존 여인 펜테질레아는 연인 아킬레우스를 사랑의 광기에 사로잡혀 이빨로 물어뜯어 먹어버린다. 펜테질레아는 이로써 문명성과 야수성 사이의 경계를 넘어선다. 비록 이것이 거칠고 심지어 폭군적이라고 명명된 에로스의 위험이며 우리가 그에 맞서 견딜 수 있도록 이것을 플라톤이 명명한 것으로 간주할 수 있다. 플라톤에게는 아마도 항상 에로스와 결합된 파괴의 위협(및 파괴의 바람)이 중요했던 것 같다.

에로스는 이미 삶의 원칙, 생명 부여의 원칙이다. 그러나 이로써 에로스는 삶에 불가피하게 동반되는 요소인 죽음, 소멸과 밀접하게 연관되어 있다. 이와 유사한 관계로 그리고 태초의 힘이 가진 양가성의 의미에서 볼 수 있는 존재가 아르테미스인데, 이 여신 역시 사냥의 신으로 이미 분만 시에 삶과 죽음을 결정하는 존재이다. 그리스 신화에서 에로스가 근원과 탄생에 연결되어 있다면 모든 에로스 철학자 중 가장 위대한 철학자인 플라톤의 철학에서는 완전히 반대로 나타난다. 사물에 대해 문학적 수단으로 지혜를 산출해내는 연설 방식, 여기에는 이성의 로고스가 아직은 개입할 여지가 없다. 개념logos으로서의 이러한 현상을 규명함에 있어서의 어려움은 예를 들어 '사랑의 연설', '사랑의 말', '에로스 개념들'로 번역될 수 있는 에로티코이 로고이erotikoi logoi('love tales')의 신화로 돌아갈

것을 요구한다.

『향연』은 에로스와 관련해서 전하는 신화들과 견해들을 집대성한 유일한 저술이다. 그러나 소크라테스는 『파이드로스』에서도 몇 가지 불미스런 에로스 신화를 정리하고 있다. 이것은 보다 순수한 변증법적 로고스로 대체하는 것이 아니라, 오히려 이 이야기들에 보다 더 설득력 있고 깨달음을 주는 다른 신화를 대조시키기 위한 것이었다. 그 신화가 바로 '역사에 둘러싸인' 쌍두마차 신화이다. 본질적 의미에서 유일하게 진실한 사랑이 없듯이 모든 인간에게 진실하고 완전한 에로스는 없다. 우리가 플라톤의 에로스 이론과 더불어 포이킬라Poikila(화려한 것, 교활한 것, 약삭빠름)의 세계로 완전히 추방된 것은 아니지만 이 세계를 통과하려는 여정에 있다. 어쩌면 사랑 체험을 하기 위해서일 수도 있으며, 이 체험이 없으면 사랑 철학이 기괴하게 남을 수도 있을 것이다. 어쩌면 최상의 에로스를 찾아내기 위해서일 수도 있다. 이때 최상의 에로스 역시 진실한 말로 자신을 드러내지 않는다.

엔텔레키아(완전현실태完全現實態)* 의 개념은 에로스에 모순된다. 본질상 회의적 경향이 있기 때문이다. 결핍과 그리움이 없는 에로스는 공기 없는 불처럼 작동이 될 수 없다. 육체적 만족이나 효과적인 응답 받는 사랑이 없는 에로스 역시 곧바로 '승화'되지 않으면 작동이 되지 않으며 괴로움과 증오로 전환된다. 결핍의 격차가 결핍의 충족 가능성, 합일을 소원하는 마음, 그리고 그 안에서 생성

* Entelechie. 엔텔레키 또는 엔텔레케이아는 아리스토텔레스가 가능성으로서의 질료가 형상과 결부하여 현실성을 획득한 상태를 가리킬 때 쓴 용어이다.

되는 즐거움에 대한 조건이 된다. 긴장 없는 사랑이야기가 없고 영원히 비극적인 사랑도 없다. 에로스는 자체에 내재해 있는 결핍과 충족 사이의 간격을 없애지 않고서 메우는 기술인데 그 이유는 욕망의 불안정한 진동 속에서 긴장을 유지하는 것이 중요하기 때문이다.

만약 이러한 격차가 제거되면 어떤 일이 일어나는지 『신통기』에서 하늘의 운명이 말해준다. 우라노스가 가이아, 즉 대지 위에 널찍이 자리 잡고 가이아를 에워싸고는 좁은 곳에 밀어 넣는다. 우라노스는 자신의 후손을 세상에 나오지 못하게 하고, 미워하여 대지 깊숙한 곳에 가두어 버린다. 갇혀 있는 어머니 가이아의 계략 넘치는 반란으로, 즉 가이아가 티탄 신족 형제인 자기 자식들을 그녀의 반란에 끌어들임으로써—폭력적인 방법으로—필요할 수밖에 없는 분리가 생겨난다. 가이아의 막내아들 크로노스는 자식들 중 가장 난폭한 자로 끔찍한 임무를 부여 받아 어머니 가이아가 만들어준 낫과 그녀가 가르쳐준 속임수 덕분으로 자신의 '아버지' 우라노스를 거세한다. 우라노스는 자신의 오만 방자함에 대해 벌을 받고 '자신의 자리'인 위로 팽개쳐진다. 그 이후 그는 그곳에 꼼짝없이 박혀 있다. 잘려 나간 생식기의 상처로부터 대지로 떨어지는 핏방울은 특히 복수의 여신들(에리나)을 만들어낸다. 잘려 나간 생식기 자체는 바다(폰토스Pontos)에 떨어져 키테라를 지나 남동쪽을 향해 떠다닌다. 키프로스 근처에 이르러 그 생식기에서 거품(아프로스aphros)에 둘러싸여 아름답게 화관을 두른 사랑의 여신 아프로디테가 탄생한다. 아프로디테와 에로스는 짝을 이룬다. 물론 이에 대해 헤시오도스의 『신통기』는 별로 전하는 바가 없다.

그리스 신화의 내용은 정전正典으로 확정된 것이 아니기 때문에 다양한 내용으로 꾸며지기도 하고 개작改作되었는데, 이것은 세속화된 때라고 일컬어지는 아테네 민주주의 시대에 정점에 달했다. 에로스와 아프로디테는 함께 등장한다. 그 다음 다시 분리된다. 에로스는 아프로디테의 아들이 되기도 하고 조력자가 되기도 한다. 이 둘은 상호보완적이었다가 다시 서로를 넘어서며, 마침내 둘의 능력은 서로 교환할 수 있는 데까지 이른다. 요컨대, 아프로디테는 아름다움이며, 사랑은 이 아름다움 없이는 성립이 안 된다. 반면 에로스는 '추함'인데 응답 받지 못한 사랑으로 인한 '사랑의 고통type'을 나타낸다. 남신 여신을 막론하고 모든 그리스 신들이 그렇듯이 아프로디테와 에로스는 양가적이다. 좋기만 한 것이 아니며 그렇다고 끔찍하기만 한 것도 아니다. 비로소 플라톤이 그리스 신들의 이러한 구조적 특성에 말 그대로 진정한 의미에서 압력을 가한 것이다.

에로스 이야기: 에로스 철학과 연설 방식의 다양성

카오스에서 생성의 기원을 찾는 그리스인들의 사고 중심에는 에로스가 생명을 불어넣는 원칙이기도 하지만 급습하고, 낯설며 그리고 소외시키는 위력으로서도 작용한다. 플라톤은 이 변증법을 따른다. 그래서 그의 저술 속에서 에로스는 아름다움 속에서의 낳음이라는 가장 고귀한 원칙이기도 하면서 인간과 영혼에게 육욕의 멍에를 강요하는 폭군이기도 하다. 그 둘 사이에 놓여 있는 것은 결핍의 경험, 괴로움, 그리움, 충족된 비움, 번식을 위한 노력, 육체적 구속성으로의 휘말림, 그리고 창조적 힘을 수단으로 보다 높은 제3의 존재로 초월하기 등이다.

프로이트에 와서야 비로소 정신분석이 고통스런 충동 운명에 대해 에로스를 재구성하는 작업으로서 효과를 내는데 이것은 한편 특히 비극으로 재문학화된 신화(나르키소스, 오이디푸스, 엘렉트라 등등)를, 다른 한편 플라톤(『향연』, 『파이드로스』)을 새롭게 재해석함으로써 가능하다. 플라톤의 경우, 신화는 여러 접점에 위치한다. 즉 이성 중심의, 그래서 표현 방식에 있어 밋밋한 연설과 교화적인 문학 사이의 접점이 그것이다. 나아가 기존의 토포스가 가지는 사이비 진실과 고통을 주는 진실성, 신과 인간, 육체와 영혼, 여성과 남성, 동성과 이성, 인간과 인간, 신화와 철학 사이에 접점이 놓여 있다. 접점의 의미는 허구의 '원형인간'의 둥그런 몸 한가운데를 절단하는 것에서 상징화된다.

이런 의미에서 신화의 구조는 분리에 의해, 더러는 프로이트적인 의미의 분열로도 특징지어진다. 플라톤의 아리스토파네스는 집단적 판타지의 통일성 그리고 의미를 획득한 근원적 통일성에서 출발한다. 아리스토파네스 신화는 이 분열을 성찰하지 않고 보여주고 있으나 플라톤은 이 분열을 성찰하면서 거기서 의미를 생성시키고 분리된 부분을 교차적으로 연결한다. 서로 마주 놓여 있는 지체를 연결해주고 그래서 새로운, 모순과 대립을 중재하는 새로운 통일체를 만드는 것이다.

『향연』에 나오는 유명한 아리스토파네스 신화는 이 사실을 보여주고 있는데 이 신화에 이어지는 대화들은 철학적 변증법을 위한 서막을 형성한다. 이 철학 변증법으로부터 인간이 바로 광기를 근거로 언제라도 술에 취한 허튼소리 또는 망상적 공생관계에 떨어질 수 있는 것이다. 플라톤은 알키비아데스를 예로 들어, 고대 그리스의 교만Hybris의 가장 유명한 대표적 인물을 만취한 모습으로 등장시킴으로써 이를 드러내고 있다. 아직은 젊은 영웅의 모습으로 알키비아데스는 『향연』의 마지막 연사로서 난잡한 이야기들을 들려주는데 이 이야기들은 조화로운 결말을 내기 힘들며, 그럼에도 불구하고 단지 알려진 진실 이상의 어떤 것을 내포하고 있다. 『향연』의 아리스토파네스 신화에서 '원형인간'은 절대 권력의 환상 속에 교만을 부리다 탐욕적인 결핍을 대가로 치르는데, 그것은 가장 충족된 에로스가 오늘날까지 우리에게서 요구하고 있는 대가이다.

제3장

파편적인 과도기: 고대 그리스에서 그리스도교적 성도덕으로

플라톤 이후 고대 그리스의 에로스 철학은 쇠퇴하지 않았다. 그러나 우리에게 전승된 텍스트는 빈약하다. 철학사적 관점에서 가장 흥미로운 것이 있다면 그것은 분실된 아리스토텔레스의 대화편 『에로티코스』일 것이다. 그러나 우리는 이 작품이 존재했었다는 사실 이외에는 아무것도 모른다.

어쨌든 『에로티코스』란 이름의 저술이 우리에게 전승되었고, 이 작품은 실종된 아리스토텔레스의 텍스트로부터 영향을 받았을 개연성이 있다. 즉 고대 후기 작가 플루타르코스가 남긴 철학적 사랑이야기를 말한다. 이 텍스트는 무엇보다도 진정한 과도기적 작품이다. 왜냐하면 이 텍스트는 고대 그리스 에로스 철학으로부터 그리스도교적 성도덕으로 에로스 철학이 교체되는 출발점이기 때문이다. 즉 성도덕으로서의 에로스가 전면에 대두됨과 동시에 저주를 받는다. 성도덕이 이미 복음서 저자들과 더불어 확고히 자리를 잡으려는 데 반해 플루타르코스는 에로스와 성문제에서 고대의 자유로움을 추구한다. '획기적인' 과도기이기도 하지만 그의 저술은 인간들 사이의 (양성 또는 동성) 성적인 에로스로부터 필리아에 중점을 둔 연애관계로 옮겨가는 과도기에 속하며 여기서는 '우애'가—플라톤의 경우에서처럼—관능적이고 성적인 관계로 대체될 필요가 없다. 이로써 플루타르코스는 전적으로 근대적인, 부르주아적 느낌을 주는 발상을 제시한다. 이는 물론 출발점이기는 하나 사랑의 개념에서 몇 가지를 뒤집었는데, 특히 위계적 양성관계가 그것이다.

욕망과 우정 사이의 에로스

플라톤의 대화편 『리시스』에서 필리아는 관계를 맺어주는 '호모이온homoion', 즉 '같은 것/같음'을 통해 생겨난다. (더 이상 에로스적 의미에서가 아니라 승화된 친구사랑으로서) '사랑'에 대한 이 '등가어'는 아리스토텔레스에서 더욱 발전된다. 물론 아리스토텔레스는 『니코마코스 윤리학』에서 필리아에게 이중적인 위치를 부여한다. 즉 한편은 원형적인 모성애인데 이 모성애의 모범적 성격은 모성애가 그 어떤 응답이나 응분의 보상, 또는 응답 받는 사랑을 기대하지 않는 데 있다. 어머니는 보편적으로 자신의 자식을 사랑하지만, 그 자식이 같은 방식으로 보답하리라 생각하지 않는다. 아리스토텔레스는 다른 한편으로 이상적이고 남성적이며 철학적 우정의 개념을 소크라테스의 디오티마 연설에서 제시된 플라톤의 에로스에서 차용하는데, 이는 아름다운 것 속에서의 탄생, 즉 두 남자의 서로에 대한 사랑이며, 그 탄생 과정 속의 성적 욕망을 초월하여 정신적으로 합일하는 한 그렇다는 것이다.

아리스토텔레스는 이러한 관계 개념을 플라톤과 달리 우정(우애)의 영역으로 옮겨놓고 에로스를 아프로디지아aphrodisia, 즉 성적 욕망과의 관계 속에 둔다. 동시에 아리스토텔레스는 에로스를 자신이 고귀한 가치를 부여하는 우애의 아래에 위치시킨다. 물론 플라톤이 동성 간의 필리아, 즉 우정을 가장 고귀한 관계 형태로 추앙한 바 있지만 부분적으로만 스승의 뒤를 이은 아리스토텔레스는 『니코마코스 윤리학』에서 자기의 방식으로 더 체계적으로 보여준다. 아리스토텔레스는 어디에서도 필리아가 선험적으로, 즉 개념상 성 관계를 배제한다거나, 성 관계가 필리아를 배제한다고 쓴 적이 없다. 그러나 '철학적 생활방식'을 '진정한' 우애, 즉 필리아 내에 두고 있으며 에로스 내에 두고 있지는 않다.

육체적 갈망에서 우정으로 가는 과정에 중요한 개념으로는 에피티미아(열망), 헤도네(욕망) 그리고 필리아(우애)가 있다. 이 개념들은 심적 흥분의 차별화된 다양한 개념들로 자리 잡고 있다.

정의	
그리스 문법과 관련하여 정신적 동요에 대한 가장 중요한 개념의 차별화 (적극적 - 보통 - 소극적)	
적극적	오렉시스 (일반적 노력), 에피티미아 (무엇에 관한 갈망)
보통	헤도네 (노력하며 즐기는 욕망이라는 이중적 의미에서의 욕망)
소극적	파토스 (격정, '감수하기/인내하기', 내면으로부터 자극을 받은 상태, 외부로부터 충격을 받은 상태)

필리아는 우정의 욕망, 즉 헤도네hedonê이며, 자기목적이다.('나'는 친구를 친구 자체로서 사랑하는 것이지 그가 '나'에게 쓸모 있기 때문에 사랑하는 것이 아니다.) 필리아는 '노력(무엇에 대한 욕망)'과 '향유(육체적 만족을 주는 체험)'라는 이중적 의미의 욕망이다. 양 극단 사이에서 이러한 중재의 개념은 "중용을 추구한다."(파스 1980)는 의미로 읽을 수도 있다. 이는 『니코마코스 윤리학』을 이끄는 것이기도 한데 '중간 정도/보통'의 의미로 읽어선 안 된다. 아리스토텔레스는 덕목들을 주로 인간을 고양시키는 '절충교육Kompromissbildung'으로 간주한다. 플라톤

에 이어 아리스토텔레스에게도 가장 중요한 네 가지 덕목은 다음과 같다. 즉 안드레이아andreia(단어 그대로 남자다움, 보편적 용기), 소프로쉬네sophrosyne(분별, 신중함), 디카이오쉬네dikaiosyne(정의) 그리고 소피아sophia(지혜) 및 프로네시스phronesis(명철)가 그것이다. 아리스토텔레스의 평가에 의하면 남녀 사이의 필리아는 친구들 사이의 철학적 필리아보다 한 차원 낮다. 이 필리아는 목적지향적이며 남자가 남자 그 자체를 위해 사랑하는 것, 즉 자기목적이 아니다.

아리스토텔레스가 에로스에 대해 정확히 어떻게 생각하고 있었는지 우리는 알지 못한다. 그의 대화편 『에로티코스』는 사라졌고 플루타르코스의 『에로티코스』가 우리에게 정말 그에 관한 생각을 전해줄 수 있을지 의문이다.(아리스토텔레스 2006, 87 이하, 219) 플루타르코스는 동성애를 더 이상 비방하지 않으면서 결혼을—동성애와 반대로,—유용함과 안락함의 결합으로 간주했다. 이렇게 본다면 실제로 아리스토텔레스와 플루타르코스 사이에 일치하는 부분이 존재한다.

아리스토텔레스는 『정치』에서 남녀 사이의 결혼에 폴리스 내에서의 사회-경제적 핵심 역할을 부여한다. '경제학자' 크세노폰과 비슷하게 아리스토텔레스는 불균형적 성별 질서를 폴리스가 성별을 서로 보완하는 '천성Natur'을 들어 정당화한다. 이런 본성이 있어서 위계질서가 폴리스의 질서를 만드는 의미를 갖는다. 즉 남자가 여자와 자녀들을 지배한다. 자유가 있는 부모는 미성년 자녀들과 자유가 없는 노예들을 지배한다. 물론 부부간의 관계는 평등을 지향하는 '정치적' 관계로도 특징지어지는데, 이 관계에 의해 부부간의 관계는 부모와 자식 간의 관계와 현저하게 구별된다. 아리스토텔레스는 부부간의 관계에 대해 어느 정도까지는 논쟁하면서 협의하는 호혜주의를 인정하고 있다.

쇼펜하우어와 달리 아리스토텔레스가 보기에 여자는 정신적으로 미성숙하거나 유아적인 존재가 아니다. 여자들은 남자들과 마찬가지로 지성과 판단력을 지니고 있으며, 다만 권력의 상징(그리스어 키리에kyrie가 그것인데, 아리스토텔레스는 플라톤과 달리 이것을 완전히 정상이라고 본다)이 그들에게 결여되어 있다. 아리스토텔레스는 성적인 에너지를 여자들에게서 박탈하지 않는다. 여자들은, 기혼여성이자 어머니로서 다루어질 경우, 아리스토텔레스의 우정론 범위 안에서 어쨌든 '본연의' 의미에서의 친구보다 더 낮은 위상을 지닌다. 따라서 남자 친구들보다 여자들은 우정의 관점에서 사랑 받을 만한 가치가 더 떨어진다.

물론 아리스토텔레스가 결혼한 부부의 에로스와 특히 우정관계를 헬레니즘 시대에서처럼 선호하는 경향이 있긴 하지만 성생활을 규제하지는 않으며 이로써 아리스토텔레스를 그리스도교적 성도덕의 선구자로 볼 수 없다. 또한 아리스토텔레스에게 있어서 자녀 출산과 양육이 결혼의 의미의 전부는 아니다.

플루타르코스의 『에로티코스』 또는 「사랑에 관하여」

헬레니즘의 흐름 속에서 고전적인 에로스는 그 에로스가 가하는 상처에 대한 일종의 치료수단 찾기와 겹쳐진다. 누스바움(1994)은 이것을 치료적 접근방식이라 불렀는데 이 방식은 선사시대의 그리스와 고대 그리스의 비극적인 접근방식을 대체했다. 에로스는 플라톤의 철학과 연계되어 점점 더 길들여지고 스토아학파의 아타락시아atoroxi(평온)와 금욕의 영향 아래 에로스를 피하거나 아니면 최소한 숭고화시키게 된다. 그럼에도 불구하고 에로스는 로마제국 시대까지의 문학작품에서 그 존재를 과시한다.

에로스의 가장 활발한 모습은 고대 그리스 후기의 작품에서 엿볼 수 있다. 이 작품은 시기적으로 교회의 시작과 더불어 등장한 것으로, 플라톤의 『향연』 이후 고대 그리스 철학에서 에로스에 관한 가장 중요한 저술인 플루타르코스의 『에로티코스』이다. 이 작품은 서기 약 96년에 집필되었으며 그리스 문명의 전통에서 점차 라틴 문명으로 전환되는 시기에 『아마토리우스』로 유명해졌다. 로마 황제 시대의 이 사랑의 대화편은 전적으로 플라톤의 『향연』을 본따 집필되었으며, 원래는 다자간 대화편으로서 다양한 면모의 에로스에 관한 철학적 성찰의 모델을 보여준다.

플루타르코스는 일부일처제, 일부다처제, 이성애, 동성애, 양성애 등 다양한 사랑의 방법을 보여준다. 동시에 이와 연관된 에로스의 '비본질Nicht-Wesen'에 관한 견해를 보여준다. 그러나 그가 명시적으로 목표로 하는 것은 결혼 내에서 부부사랑의 이상적 형태이다. 이로써 플루타르코스는 플라톤의 『향연』에 나타난 에로스 연출, 에로스의 무대화 그리고 에로스 이론에 작별을 고하는 한편, 에로스가 육체적 성적 욕구에 묶여 있음을 부인할 필요가 없으며 플라톤처럼 탈육체화 하지 않아도 된다. 플루타르코스에게 에로스는 은

유적 개념이 아니라 결국 정신적으로 육체적으로 서로 욕망하는 두 인간 사이의 감정 세계와 충동 세계를 포괄한다.

'극적인 에로스 문학'이라고 지칭되는 플루타르코스의 『에로티코스』는 한편으로 남성 동성애 에로스 지지자들 그리고 다른 한편으로 결혼한 부부의 에로스 지지자들 또는 남자와 여자의 합일을 지지하는 사람들 사이의 논쟁을 담고 있다(순서에 의한 연설이 더 이상 아님). 마지막에 부부간의 에로스에 대한 연설이 승자로 드러나더라도 다른 형태의 사랑이 제한을 받거나 금기시되지 않는다. 플루타르코스는 심지어 고대 그리스의 양성Bio-Logos을 폴리스에 명백히 제시한다.(특히 플라톤의 『법률』에 나타난 남성 간의 호모 섹슈얼리티를 지금도 소수의 사람만의 유죄판결의 의미로 받아들이고 있다.) 즉 후손 번식을 위하여 폴리스는 동성애를 배척하고 남녀 간의 결혼을 찬양한다.

양측에서 모든 가능한 고찰들과 철학적 성찰들이 제시되고 부분적으로 날카롭고 거의 모욕적인 쟁점들과 더불어(특히 동성애 대변자인 프로토게네스Protogenes의 진영에서) 한 편의 드라마로 엮이게 되는데, 이 드라마는 나이 든 과부 이스메노도라와 미소년 바크촌 사이의 상스러운 결합을 중심으로 이야기가 얽히고설킨다. 신분, 나이차의 문제로부터 직접적으로 모든 토론에 참여한 사람들에게 보다 중심적인 문제인 남성 간의 동성 에로스와 '이성-에로스' 사이의 대결로 이야기의 방향이 바뀐다. 플루타르코스 자신은 원칙적으로 전혀 차이가 없다고 말한다. 왜냐하면 소년사랑이든 여자사랑이든 에로스는 에로스이기 때문이다. '여자사랑'은 여기서 여자들 간의 사랑, 또는 남자 또는 여자를 사랑하는 여자의 사랑이 아니라 전적으로 남자들이 여자들을 겨냥한 에로스를 말한다.

그 당시 거의 당연한 것이나 다름없었던 여자의 열등함은 여자에 대한 남성적 에로스가 특수하게 합법화되어야 할 필요가 있음을 납득하게 한다. 적어도 철학적-플라톤적 철학의 입장에서 그렇다는 것이다.(호메로스의 에로스 세계, 선사시대 문학의 에로스 세계, 고대 비극의 에로스 세계는 전혀 다른 것이다.) 왜냐하면 플라톤 이후 남성 간 에로스를 덕을 갖춘 필리아로 격상시키는 것은, 즉 덕성에 있어서도 능력 있는 에로스 파트너가 필요하기 때문이다. 이런 맥락에서 여자를 대하는 남성적 에로스에 관한 가치 판단은, 여자에 대한 가치 판단과 연관이 있는데, 보다 구체적으로 여자들의 덕성 능력과 우정 능력에 동일한 지위를 부여해야 한다. 플라톤의 에로스 이론 이전에 그리고 에로스 구조물로부터 여자를 남성 동성애적-철학적으로 배제시키기 이전에는 이것은 전혀 주제가 아니었다.

플루타르코스에게서 때 이른 페미니스트를 만들어내고자 하는 의도는 없지만 강조되어야 할 것이 있다. 즉 남성이 여성을 이성으로 사랑하는 것을 옹호하는 사람들은 파트너 관계에 있어서 일종의 남녀평등을 지지하고 있는 것이다. 반면 동성애적인 남자사랑의 지지자들은 그들의 연설에서 전적으로 여성 적대적인 태도를 취한다. 플루타르코스 자신은 '중재자'로 나서지만 여성애호가 쪽으로 기운다. 앞의 사랑드라마와 엮어진 대화의 전개과정은 좀 더 분명하게 동성애적 에로스 및 그로부터 파생되는 우애의 패러다임을 새로운 이성애적 에로스의 남녀관계 차원으로 옮겨놓는 것을 목표로 한다.

이스메노도라와 바크촌 사이의 문제 많은 결혼에 관한 대화가 다시 시작점에 이르자 플루타르코스는 남자가 부유하고 사회적 신분이 높은 여자와 결혼하는 것은 조심해야 한다고 말한다. 이미 아리스토텔레스가 『정치』에서 지적했듯이 통상적인 남녀 간의 균형을 깨뜨릴 수 있기 때문이라는 것이다. 플루타르코스는 이런 남자에게(여기서는 바크촌) "(여자와) 동일한 위상을 지니고 있으며 독립적 adouloton(섬기는 자세가 아니라)"임을 내보일 것을 촉구하기에 이른다. 이 남자는 "자기억제와 명철함을 보여야 하고 여자를 둘러싼 광채로부터 영향을 받지 않도록 해야 한다."(『에로티코스』, 754B)

전반적으로 플루타르코스는 연애 상태에 대해 무감각한 태도를 비판하고 있는데, 이는 이미 『파이드로스』의 리시아스 연설에서 희화화 된 바 있다. "친애하는 제우시포스여, 처음 사랑의 관계를 시작했을 때의 고통스러운 열정empathes에 대해 불을 지핌으로 인해 생기는 상처나 화상처럼 두려워할 필요가 없다네."(『에로티코스』, 769E) 그것은 에로스에 쓸모 있는 여자와 또는 다른 존재와의 유착, 임신에도 속하며 모름지기 변화의 초기에 종종 나타난다는 것이다. 젊은 남자들이 철학과 처음 만나게 될 때 이들이 지닌 고통스런 감정이라는 마지막 비유는 다시금 전적으로 플라톤적이다. 어쨌든 에로스가 있는 관계가 에로스가 없는 관계보다 선호되어야 한다고 한다. 여기서도 육체적인 에로스의 어쩔 수 없는 개입과 관련해서 플루타르코스는 플라톤을 따른다. 물론 플루타르코스는 우정과 덕성을 에로스의 탈섹스화나 여성 배제라는 대가로 매도하지 않고 독자적인 길을 간다.

플루타르코스가 치르는 대가는 그가 그것을 대가로 본다면, 사회적 인습에의 적응이라는 대가이다. 그러나 다형성의 철학적 에로스를 결혼에 끼워 넣는 것은(생식에 역행하는 모든 동성애적 에로스의 양상들을 포함하여) 역사적으로 막다른 골목에서 끝난다. 왜냐하면 결혼 자체가 이미 연인들의 자유도 정의도 설 자리가 없는 가장에 종속된 제도가 되어버렸기 때문이다. 이러한 진퇴유곡으로부터는 낭만주의의 시민적 애정도덕, 결혼도덕이 에로스를 해방시킬 수 없게 될 것이다. 너무나 불균형적인 것이 낭만주의의 성 개념이다.

또한 20세기 근대에 이르러 상호적인 에로스-필리아 개념에 맞도록 평등한 모습으로 나타나지만, 이 결혼 개념은 곧바로 스스로 해체된다. '아버지의 성'과 더불어 유럽에서 결혼 개념은 3세기 전환기 전에 그때까지 거의 무제한적이었던 애정관계나 파트너관계에 대한 법적 권리요구를 상실하게 된다. 마치 이 결혼 개념은 여자의 아버지에게 유산을 보장해주는 법적 결합이 단지 불평등의 고착화를 위해 존속된 듯하다. 따라서 플루타르코스가 에로스와 결혼의 결합으로 염두에 둔 것은 하나의 결합, 즉 부분적으로는 남녀 간 불균형을 완전히 거꾸로 뒤집는 것이었다. 이는 에로스가 그것을 요구하고 남자 파트너 또는 여자 파트너가 덕을 요구해서이다.(『에로티코스』, 754E)

일체의 성행위와, 인간의 종족 번식을 합법화하는 법기관으로서의 가부장적 결혼은 플루타르코스의 입장에도 불구하고 오랫동안 에로스를 가두어놓을 것이다. 가장 모순적인 동시에 가장 격렬한 경우는—사도 바울의 경우에서 보듯이—선택된 자들을 위해 여성

적대성, 육체 적대성, 섹스 혐오라는, 이념적으로 고양된 모티브에서 가부장적 결혼이 거부되는 것이다. 그러나 성적으로 "주체를 할 수 없는 이들"에게는 허용되고 그에 따라 규정되는 것과 마찬가지다. 동성 성애, 즉 우선 남성의 동성 성생활은 성서에서 소돔과 고모라를 근거로 설명된다. 이 무대 동성애는 오늘날 동성애를 비밀로 유지하고 차단하는 수도원 벽이나 신학대학 벽에 충격을 가할 따름이다. 그러나 이 벽들로부터 동성애는 더욱 난잡하게 밀치고 나오며 공공연해진다.

다름 아닌 에로스의 육체적-성적 양상이 플루타르코스에 있어서—여자들에 제한적인 평가와 더불어—그리스도교적인 육체 혐오라는 사도 바울적 독트린과 정반대의 입장에 있다. 물론 이 육체 혐오가 아우구스티누스와 더불어 그 패권 요구를 관철시킨다 하더라도 말이다. 이에 앞서 그리스도교의 사랑의 신학은 아직 유대교적 신학에 연관되어 있으며 공관복음에 그 흔적이 남아 있다. 복음서 기자 마가, 마태, 누가는 '이스라엘 셰마*'를 사용한다. "들으라, 이스라엘이여! 야훼, 우리 하느님, 야훼는 유일하시다. [...] 그러므로 너는 주님을, 너의 하느님을 온 맘과 온 영혼과 온 힘을 다해 사랑하라."(신명기 6:4~5)가 그것이다. 이러한 하느님에 대한 사랑은 그리스의 에로스와 아무런 관련이 없다. 에로스가 얼마나 다양한 면모와 모순성을 지닐 수 있는지, 어떤 특징적 모습의 에로스를 우리가 바라본다 할지라도 말이다.

* 매일 아침저녁으로 하는 기도에서 읽히는 성서 구절을 말한다.

성서적 사랑은 일신론적이고 신적인 본성을 지녔었고 또 지니고 있다. 이것은 분명 그리스적 에로스의 면모는 아니었다. 철학자에게 에로스는 신화적-문학적 의미에서 '신적인' 영감으로 이해될 수 있었다. 자연철학에서 에로스는 더 이상 우주적 힘으로서 중요하지 않으며, 인간 상호의 현상으로 철학적으로 성찰된 존재 속에서 에로스는 신이나 엄격한 존재론적신학ontotheologisch의 의미가 아니다.

유일신 사상에서 신에 대한 사랑은 무엇보다 중요하지만, 그런 사랑은 아직 그리스도교화 되지 않은 그리스인들에게는 아무 의미가 없다. 신들은 인간을 사랑하지 않고 인간은 신을 사랑하지 않는다. 에로스도 필리아도 인간과 신들을 연결하지 않는다. 분명한 것은—그리고 그 안에 그리스 남신들과 여신들과 관련해서 플라톤적 아리스토텔레스적 토포스가 있는데—'에로스', '아프로디테', '필리아'까지 필멸의 존재들 사이에서 의미를 만들어낸다는 것이다.(신들 사이의 연합에 헤시오도스는 에로스를 위치시키는 것이 아니라 필로테스 philotes 즉 우정의 호감만을 위치시킨다. 이는 엠페도클레스가 모든 우주적 힘들을 연합하는 권력으로 묘사하는 바와도 같다.)

신에 대한 사랑은 유대 신앙과 그리스도교 신앙에 목적이 있다. 유대 신앙에서 인간들 간의 사랑이 더 큰 역할을 하지만 초기 그리스도교 신앙에서는 인간 간의 에로스가 처음부터 비섹스적, 반섹스적 에로스는 아니었다. 그러나 곧 유순해지고 말았다. 즉 그때까지만 해도 육체적이며 인간적인 것에 매여 있는 에로스가 아가페라는 상위 개념에 의해 밀려난 것이다.

제4장

억압적인 성도덕: 그리스도교의 패권

'그리스도교'라는 말과 '성도덕'이라는 말이 서로 결합되어 있기 때문에 이 제목은 이상하게 보일지 모른다. 이 두 속성이야말로 일반적으로 대립되는 것으로 받아들여지고 있다. 이 두 개념의 결합은 그리스도교에서의 절대적 금기시라는 은폐된 의미 그리고 (여성과 연관된) 물신화의 특수한 형태로 간주되는 성적인 에로티시즘적인 요소에 대한 검열과 관계가 있다. 즉 강제적으로 부정적인 특성으로 억압되었지만 여기서 끊임없이 다시 대두되는 것의 물신화이다. '서구' 그리스도교 세계의 정전화한 사유에서 에로스가 축출된 초기 과정의 중심인물이 바울이다. 1세기경 그리스 지역에서 활동했던 '사도' 바울은 고린토스 사람들에게 보낸 편지에서 이와 관련한 이론을 서술하였다.

그러나 다름 아닌 바울에 바탕을 두고 있는 아우구스티누스가 4세기에 급진적으로 전환점을 마련하고 대대적으로 이를 지배사상으로 굳힌다. 초기 그리스도교 시대에 로마제국의 이교도적 성도덕 역시 급진적으로 변한다. 여성을 더럽고 사악한 육체와 동일시하는 것은 모든 '학자'들에게서는 아니지만 대부분의 학자들에게서 공통적으로 발견된다.

초기 그리스도교 시대의 그리스 지역에서 에로스 철학사는 억압과 신플라톤주의적 하느님에 대한 사랑으로의 변화 사이의 중간 입장으로 특징지어진다. 에로스는 특히 『아가서』에 대한 해설서에서, 이전의 교부들(특히 그리스("동방")의)에 의해 유지된다. 물론 이들이 『아가서』 안에 읊어진 에로스적 또는 성적 사랑을 훗날 몇몇 서방의 신학자들이 그랬듯이 신학적으로 동화시키고 단순한 알레고리로 설명하긴 하지만 말이다.

바울과 아우구스티누스가 육체를 음욕의 온상으로 저주하는 것만으로는 충분치 않다. 여기에 원죄와 성욕 간의 결합이 추가된다. 에로스는 덧없는 것으로 완전히 폄훼됨으로써 육체에 매여 있는 에로스가 설 공간은 더 이상 사라졌다. 여기에 승려와 수녀 들의 생활에서 실현되어야 할 금욕생활이라는 이상이 덧붙여진다. 색욕Concupicientia*이란 엄격한 성도덕을 부추기면서 이를 선동하는 고약한 단어이다. 전적으로 큐피드(정열적인 에로스)에 속하며 카리타스(이웃사랑)에는 전혀 속하지 않는 이 욕망은 온갖 수단을 동원해서 퇴치되며 원죄 및 인류의 타락에 대한 책임이 지워진다.
철학 자체가 '신학의 시녀'로서 존재의 정당성을 간신히 유지할 수밖에 없었던 그 시대에 그나마 에로스에게 주어졌던 철학적 공간은 더더욱 사라졌다. 철학을 하는 사람들도 사유할 수 있는 것에 대한 사유냐 아니면 이교도 혹은 이단자로 정리되느냐, 이 두 선택 사이의 아주 좁은 기로에 서 있었다. 그래서 특히 수녀들과 수녀원장들 사이에서 신을 향한 사랑에 대한 비전이—예언자들의 비전뿐만 아니라—더욱 번창하게 된다. 이는 '일차 학문'으로서의 철학이 가장 엄격하게 교회로부터 통제를 당했기 때문이며, 어쩌면 중세 궁정문학보다도 훨씬 더 엄격하게 통제를 당했을 것이다. 따라서 인간 상호 간의 에로스라는 의미에서의 사랑은 철학보다는 오히려 궁정문학에서 찾을 수 있다. 궁정소설에서, 또는 안드레아스 카펠라누스의 「사랑에 관하여」에서, 또는 아벨라르와 엘로이즈 사이의 자전적 『서신 교환』에서든 에로스는 은밀한 길을 이미 계속 갔으며 그로부터 지속적으로 에로스는 철학에 자극을 주었다.

'중세' 시대의 죄인, 에로스

'중세'는 하나의 통일체를 일컫지 않으며, 훌륭한 시대 명칭도 아니다. 그 긴 시간 동안 여러 단절기epochai들이 있었으며 각 시대는 당

* 현세의 쾌락에 대한 욕망을 가리킨다.

대의 구분과 명칭을 규정하는 계기들이 있었기 때문이다. 그러나 여기서 중세란 단순화시켜 보자면, 자크 르고프가 말한 "대억압의 시대"라는 의미에서 그리스도교가 로마의 국교로, 이후 유럽의 국교로 성장한 시대와 지금까지 지속되고 있는 복합적인 세속화와 자유화의 흐름 속에서 서서히 진행되어온 퇴보 사이의 시대이다.

선악과를 따 먹음으로써 그 대가를 치른 이브의 프로메테우스적 호기심, 그것은 그리스도교도들에 의해 창세기 2장(인간 창조)을 해석하는 데 핵심 테마가 아니었다. 오히려 이브의 눈먼 욕심에 의한 사건의 책임이 테마였다. 하지만 마치 마법에 사로잡힌 사람처럼 이브의 불행한 의도에 넘어간 아담의 욕망도 그에 못지 않게 사악하다. 최초의 인간의 갈비뼈로 만들어진 이브는 열등한 존재이며 따라서 타락한 천사 루시퍼의 유혹에 더 현혹되기 쉽다. 죄와 벌은 원죄 사건 이후 그리스도교의 상상 욕망Vorstellungsbegierde의 물신적 대상이다.

죄가 있는 곳에 벌이 따른다. 그리고 이 도식은 21세기까지(아마 그 이후에도) 유럽인들의 충동운명Triebschicksale을 지배할 것이다. 이러한 규율화가 이제 전폭적이거나 부분적이거나 내면화되든 안 되든 말이다. 이 '완전히 사악한 세력'의 대변자들을 막기 위해('가톨릭'이란 말은 katholou, 즉 '완전/전부'에서 왔다) 그에 상응하는 가공할 폭력적 처벌이 일어날 것이며, 원초적, 제도적 분열 메커니즘에 맞서기 위해 '완전히 선한 세력'이 언어와 폭력의 모든 수단을 동원하여 피비린내 나는 전선에 등장할 것이다. 여기서 우리는 '주술사'의 등장을 예견한다. 오늘날 우리가 종교적 '심리치료' 분야에서 만나는 이

치료법은 소위 귀신 들린 '양'들을 온갖 이상한 수법을 써서 악마(즉 정신병)로부터 해방시킨다는 주술이다.

원죄 사건 이후 인류 최초의 부부의 후손 세대로부터 '원죄'는 성행위에 매인다. 죄악시되고 죄악으로 규정된 그 '행위'가 교회로부터 용인 받는 유일한 경우는 자손의 번식을 위한 행위일 때이다. 다른 모든 행위들은 이런 의미에서 유죄는 아니지만 그 대신 훨씬 더 처벌이 가능해진다. 왜냐하면 명령 받은 번식의 '의무'("생육하고 번성하라")를 전혀 이행하지 않기 때문이다. 이 의무로부터 인간은 예수 그리스도의 고난과 그리스도교적 회개의 종교를 통해서만 벗어날 수 있을 뿐이다. 소돔과 고모라는 동성 간 성행위에 관한 구약성서의 본보기이다. 수음에 대한 처벌에 대해서도 전례가 있다. 따라서 항상 죄가 따라붙는 번식을 위한 성행위를 강요하는 모순된 명령이 존속한다. 그리고 이 성행위는 정확히 통제되기를 원한다.

그러나 실천 과정에 빈틈이 없는 것은 아니다. 실천 과정은 하루아침에 만들어지지 않는다. 이 실천 과정은 획기적 담론 실천의 미미한 결과만이 아니라 목표를 겨냥한 검열과 거친 폭력, 국가통치적 규범 제정과 교회 대변자인 남성들의 종교적 선교라는 협력에 의해서 수행된다. 이 협력은 모순이 없지 않은데, 여성을 배제시킨 가톨릭교회가 13세기 봉건 지배자들로부터 남성뿐만 아니라 여성들도 자신들의 혼인에 동의해야 한다는 허락을 받아낸 것이다. 그러나 가톨릭교회가 지적이고 도덕적·정치적 패권을 행사하는 동안, 표면적으로 모든 성생활을 단념하기 위해 수도원에 자신을 가두지 않으면서 죄스러운 번식의 모순적 명령을 거부하는 사람은 죄와 면죄라는 순환고리로부터 도피하는 게 되고 그 때문에 심지어 악마에 사로잡힌 자로 화형을 당하지 않을지라도 순식간에 터부(금기) 사례로 낙인찍힌다. 강조되어야 할 것은 남성들로부터는 '단지' 금욕 내지는 동정만이 요구되는 반면, 여성들한테는 완전한 순결이 법으로 규정된다는 것이다. 수녀로서의 여성은—은유가 아니라 완전히 구체적으로—예수 그리스도와 결혼했으며 예수 이전에 또는 예수 이외에 어떤 남자도 성적으로 '알아서는' 안 된다.

그리스인들의 '이단적' 상상세계 이외에 로마인 역시 초기 그리스도교 사상과 상상력에 영향을 끼쳤으며 유대적 전통, 아랍의 전통들도 물론 서로 다른 시대이기는 하나 그리스도교에 영향을 끼쳤다. 이런 전통들은 성적인 에로스를 전적으로 경이롭고 존경스럽게 다루는 단초를 제공했을 것이다. 성서 속의 가장 중요한 원천으로 『아가서』를 강조할 필요가 있겠다. 신플라톤주의적 특징을 지닌 초기 그리스도교 교부들의 신학에 의한 『아가서』의 해석은 아주 특수한 전도顚倒의 해석학이다. 『아가서』의 관능적인 노래에 등장하는 연인 사이의 관계는 알레고리로 설명되는데 결코 인간들 사이의 사랑에 대한 알레고리가 아니다. 이것은 하느님에 대한 사랑, 하느님을 향한 사랑, 그리고 하느님/예수(남자)와 교회(여자) 사이의 관계에 대한 알레고리이다. '해석'은 이런 식으로 이루어지며 모든 것은 해석의 문제가 된다. 분명한 것은 최소한 그리스도교적 상상세계에서 하느님에 대한 사랑 이외에 어떤 진정한 사랑도 자리를 잡을 수 없으며 성적-성애적 사랑은 더더욱 말할 것도 없다. 이로써 지배자들에게 개인의 영혼과 육체에 대한 접근은 더욱 용이해진다. 이러한 굴종적 접근이 얼마나 관철되기가 어려웠는가 하는 것은 이러한 접근의 수단이 된 미묘하면서도 거친 폭력, 이로 인해 '억압된 것'의 지속적인 회귀가 보여준다.

로마제국 콘스탄티누스 대제 치하에서 그리스도교가 성장했던 시기(313년 공인) 그리고 테오도시우스 황제 치하에서 국교로 승격되던 시기(391년)에 이미 강제적 성도덕의 단초가 형성되었다. 이 단초는 가부장적인 동시에 결혼 생활과 관련된 법 제정과 풍기 감찰의 강화를 가져왔다. 그리스도교 신앙의 내용은 이러한 발전을 아마도 가장 효과적으로 이념화시켰을 것이다. 물론 다른 선택 사항Option들이 있었지만(트레버-로퍼 1971) 그것들을 실현시킬 기회 자체는 현실화되지 못했다. 다른 말로 하면 보다 자유롭고 다신교적인 선택 사항을 사회정치적으로 활용하기에는 적절한 시기가 아니었다.

사도 바울이 에로스를 그리스도교 체계의 언어에서 삭제하면서(고린도전서 1장) 인간의 애정과 헌신이라는 새로운 개념이 그 자리를 차지하게 되었다. 즉 이러한 이중적 과제Aufgabe를 지닌 아가페가 그것이다. 아가페는 그리스어 낱말로서 히브리어 성경 번역에서 하느님에 대한 사랑의 의미로 쓰인다. 적성Eignung, 성향Neigung, 그리고 과제Aufgabe는 결코 그냥 나온 것이 아니다. 신앙심과 더불어 인간은 하느님과 교회에 헌신하고 다른 모든 것을 포기하다시피 한다. 그리고 하느님을 그리고 하느님을 통해서만 다른 인간을 사랑할수록 자신의 세속의 삶과 공동체의 운명에 신경을 쓸 필요가 적어진다. 공동체란 정치적이고 자주적인 도시국가 폴리스에서—제국 내에서—그리스도교적 종교적으로 방향을 선회한 교회공동체로 변했다. 이 공동체 안에서는 각 개인이 자신과 하느님을 향하고 있으며 동시에 '가장 높으신 분'(또한 그의 대변자들)에게는 각 개인은 언제나 손에 넣을 수 있는 존재이다. 이 공동체 안에서 속세의 통제는 목자들이 맡게 되고 민중polites, cives은 당분간 역사의 무대에서 사라지게 된다.

플로티노스와 아우구스티누스

쾌락을 추구하고 쾌락의 능력이 있는 육체를, 그리고 그에 속박된 에로스를 저주함으로써 바울과 아우구스티누스는 신도들의 마음을 더욱 확고하게 새로운 신앙에 묶어두려 하였다. 그 형이상학적 상부구조를 플로티노스의 에로스-형이상학이 제공한다. 플로티노스는 아우구스티누스 이전, 3세기에 살았던 신플라톤주의자이다. 플로티노스는 저서 『엔네아데스』(1960, Ⅲ, 5.50)에서 플라톤의 에로스 이론을 고유한 방식으로 뒤집어 해석한다. 그는 이러한 재해석을 위해서 아주 특수한 신화 이론을 토대로 사용했다. 이 신화 이론은 『향연』에 모여 있는 이야기들을 비유적 표현으로, 보다 고매한 플라톤의 진리에 대한 알레고리로 해석할 수 있도록 해준다. 마치 플라톤은 그럴 능력이 안 되었던 것처럼 플로티노스는 플라톤을 실체화된 '이데아론'을 통해서 설명한다. '개념의 실체'란 독자적인 플로티노스의 '질료' 또는 '본질 개념'으로, 정신적으로 교체 가능한 존재의 단계로 설명될 수 있다. 이러한 존재 단계와 더불어

'그리스도교 이전 시대의' 철학자 플로티노스는 존재를 위계적으로 분리하면서 여러 차원으로 나눈다. 이때 가장 높은 단계는 일자一者, das Eine(*hen*)이며, 반면 가장 낮은 단계는 (나쁜) 물질을 나타낸다. 그 사이사이에 플로티노스는 다른 개념 실체를 위치시킨다. 즉 세계이성, 세계영혼, 육체세계가 그것이다.

플로티노스는 에로스에 관한 연구를 두 얼굴을 지닌 에로스의 기원을 찾는 질문으로 시작한다. 하나의 얼굴은 다이몬, 즉 중간자이며, 다른 하나는 우리의 정념에 책임을 지는 존재이다. 플로티노스는 이러한 근원을 아름다운 것을 보려는, 보편적으로 수용된 요구orexis로 설명한다. 플로티노스는 에로스 자체를 개념의 실체로도 평가한다. 즉 본질성에서 나온 본질성ousia으로 본다. 반면 에로스는 욕망하는 존재, 결핍하는 존재로서 중간에 위치하며 서로 혼합된 존재이다. 이러한 단계론의 범위 안에서 완전히 분리된 하늘(즉 이데아)에 속하는 에로스는 천상적 에로스이다. 이를 플로티노스는 물질이 없으므로 모태가 없는 아프로디테와 동일시한다. 세계영혼에 속하는 에로스는 세계에로스, 끝으로 고유한 개별 영혼에 속하는 에로스는 그때그때의 개별 영혼과 그 영혼의 기억능력에 상응한다.

여기서 플라톤에게서는 없는 비교적 단순한 위계체계를 보게 된다.(오스본 2002) 그것이 그리스도교적 존재론에는 더욱 더 딱 들어맞는 것으로 나타나는데 이는 이 존재론 속에 앞서의 분열구조가 표면상으로는 서로 간에 명백하게 일치하기 때문이다. 즉 육체와 영혼, 물질과 정신, 선과 악의 분열이 그것이며, 이때 아리스토텔레스의 『물리학』에 따르면 '마치' 여자가 남자를 열망하듯 물질이 형식을 열망한다는 사실을 납득할 수 있다.(이 경우 이 은유는 "마치……"라는 의미이다.) 플로티노스의 경우 아가페는 신들과 인간을 향한 신들의 사랑에 귀속되는 경향이 있는 반면 에로스는 이상적이고 보편화된 존재의 보다 높은 정상을 향해 상승한다.

그리스 교부신학은 카파도키아인(훗날 동로마제국)들의 그리스도교 신학에서 큰 의미를 지닌다. 서로마제국 쪽 그리스도교 진영은 그리스도교 교리와 신플라톤주의의 이러한 노골적인 혼합을 반대한다. 혼합된 존재가 무아지경에 빠져 유일자로 들어서는 것은 수백 년 뒤의 위僞디오니시오스에 의해 신의 은총행위로 이론화되며 저항에도 불구하고 서로마제국에서 주제로 다뤄지게 된다. 아가페는 이때 터무니없는 방식으로 에로스와 동일시된다. 반면 유일자로부터 다수성의 출현은 창조로 해석된다. 12, 13세기의 남녀 신비주의자들에게 있어서는 이런 해석이 큰 의미를 지니게 되는 것이다. 카파도키아 출신의 니사의 그레고리우스(4세기)에게서 발견되는 에로스 역시 인간 상호 간의(아니면 기껏해야 그리스도를 통한) 에로스가 아니다. '인격적인' 에로스이지만 이 에로스는 인간의 육체성을 배제하지 않는다. 이것은 인간 예수, 즉 인간이 된 성육成肉한 하느님, 또는 논란이 많은 삼위일체(하느님은 한 분인가, 아니면 세 인격체인가, 스스로 생성되었는가 아닌가 하는 문제) 하느님의 세 '인격체'의 관계에 기초하는 에로스이다. 그레고리우스도 『아가서』를 해석하는데(그레고리우스 1994) 그가 사용하는 어휘에는 에로스가 인간으로부터 신을 향하는 사랑으로서 아래를 향한 하느님의 사랑이라는 아가페와 경쟁관계로 그저 잠깐 나타난다. 간간이 그레고리우스는 두 개념을 동의어로 사용한다. 『아가서』의 성애에 대한 해석은 알레고리로서 위를 향한 사랑을 통해, 신이 되고자 하는 노력으로 확고한 위치를 차지하는데 이것은 그리스도교 서구 제국에서는 오만불손한 행위로 엄금되는 사안이다.

아우구스티누스에게 플로티노스가 중요한 사람이지만 그 사실이 아우구스티누스의 반에로스적 전략을 방해하지 않는다. 에로스 개념은 서방 교회에서 오랫동안 자취를 감춘다. 아모르가 카리타스와 교체되고 음욕의 큐피드는 제재를 받는다. 12세기에 이르러 비로소 그 이전 시대의 동방의 사랑 이론이 그에 관한 책이건, 저자이건 종교재판의 불길 속에 희생양의 존재로서 대중에게 알려졌다. 아우구스티누스는 아마도 가톨릭교가 세계 종교로 자리 잡는 초기에 영혼을 위한 투쟁에서 가장 광신적인 강경파 중 한 사람일 것이다. 중세 전문가인 사회역사학자 자크 르고프는 아우구스티누스를 가리켜 철두철미 반에로스적 연옥을 발명했다고 말한 바 있다. 역시 중세 전문가인 철학사학자 쿠르트 플라쉬는 신학적 관점이 아닌 철학적 관점에서 아우구스티누스를 체계적으로 비판하고 있다.

아우구스티누스의 쾌락 혐오는 전기적으로 설명될 수 있다. 그가 『고백록』에서 성적인 욕망으로부터의 회심悔心을 스스로 밝히고 있긴 하지만 이것을 신의 은총에 대한 증거로 제시할 뿐이다. 플라쉬가 강조하듯 회심은 아우구스티누스에게 심각한 삶의 위기와 질병으로부터의 회귀였다. 아우구스티누스의 어머니가 어떤 역할을 했든 그의 은총 이론은 하느님이 은총을 줄 사람들을 선택한다는 점을 강조하는데 아들들을 위해 어머니가 기도를 많이 한 경우이다.(『질서에 관하여』, II. 20; 플라쉬 2003, 48 재인용) 그러나 이러한 태도가 이룩한 성공, 즉 기도를 통한 성공인지는 설명되지 않는다. 아우구스티누스를 역사기술적 접근방식으로는 도저히 이해할 수 없으며 설명은 더욱 불가능하다. 이에 관해 적절하게 규명하고자 하는 시도는 심리적, 사회적 분석이 함께 이루어져야 보완될 수 있을 것이다. 즉 육체와 영혼의 급격한 분열 가능성의 조건을 분석할 때 이루어질 수 있다. 그런데 이 분열은 육체의 혹독한 굴종을 낳는다. 아우구스티누스 자신의 보고에 따르면 그는 정신과 육체가 동시에 아픈 병을 앓았다. 또 다른 분석법은 이 저주 받은 육체와 엮인 여성성/다름의 가능성의 조건을 분석하는 것이다. 그러한 분석은 개인적인 차원뿐만 아니라 사회정치적 차원에서도 결과적으로 에로스의 본질에 대해 조명해볼 수 있을 것이다. 첫 번째 접근 단계에서는 아우구스티누스를 읽는 것이 중요할 것이다. 여전히 육체성과 성(생활)에 대하여 부동의 관계에 있는 우리를 더 잘 이해할 수 있도록 하기 위해서 말이다.(플라쉬 2003)

분열의 모티브에 관해서는 분열이 없이는 어떤 강제성도 자리를 잡을 수 없는데, '육체와 영혼'이라는 제목의 장章인 『고백록』 제8권 제5장을 참조하길 바란다. 아우구스티누스는 그 부분에서 오늘날 우리가 병리학적 섹스중독이라고 불릴 만한 것을 적고 있다. 이런 중독은 강제적으로 금지시키려는 성도덕적 목소리가 나오면서 비로소 활기를 띠게 된다. 그러나 아우구스티누스의 경우에는 아마도 어머니로부터 영향을 받았을 이 첫 단계는 그냥 지나간다. 그의 고백은 한 단계 뒤에 시작된다. 아우구스티누스는 이러한 중독으로 변질되어가는 욕망, 이성적 분별력에 따라 끊고 싶은 그 욕망에 대해 자신의 '새로운', 전적으로 모순된 의지를 만들어낸다. 하느님을 '자유롭게 섬기려는' 의지를 말이다. 아우구스티누스는 "유일하고 확실한 기쁨이신 하느님"이라고 말한다. 낡은 육체의 의지가 차곡차곡 만들어지고 영혼의 새로운 의지가 그 의지를 상대로 싸운다. "이들의 싸움이 내 영혼을 찢었습니다."(아우구스티누스 1959, 136) 그런 다음 회심하기까지 길고 긴 인내심 테스트에 대한 묘사가 이루어진다. "나처럼 불행한 인간을, 우리 주, 예수 그리스도 당신의 은총 이외에 그 누가 나를 이 죽음의 육체에서 구원하리이까?"(아우구스티누스 1959, 137)

문학적 수수께끼와 준俊 철학적 논고 사이의 에로스

힐데가르트 폰 빙엔*은 수도원 수녀들의 승화된 욕망을 묘사하고 찬양하는 일에 있어서 아마도 '예수의 애인들' 중에서 가장 상상력이 풍부한 여성들 중 한 사람일 것이다. 여기에 클레르보의 베르나르**의 경우와 같이 『아가서』의 알레고리적 해석이 다시금 중요해진다. 물론 힐데가르트는 베르나르 폰 클레르보처럼 이 해석을 형이

* 1098~1179. 독일의 수녀, 신비주의자, 시인, 독일 철학의 선구자.

** 1090~1153. 프랑스의 수도사, 로마 가톨릭의 성인.

상학적 단계 이론으로 구축하지는 않았다. 아무튼 이제 한 여성이 스스로 하느님의 아들, '어린 양'에 대한 끓어오르는 사랑을 운문으로 고상하게 표현한다. 육감이 너무나 매혹적이어서 단순한 알레고리라고 보기에는 매우 어려움이 있다. "그대, 나의 애인/ 그토록 사랑스럽고/ 당신이 우리를 얼마나 사랑스럽게 껴안아주시는지/ 우리가 순결을 지키도록, 함께 하소서!/ […] 당신을 따르려고/ 우리가 얼마나 사모하는지/ 당신을 닮는 것/ 우리들 불쌍한 것들에겐 얼마나 어려운지/ 우리는 신랑신부로서 당신과 함께입니다. 당신의 피 속에, 한 남자와의 혼인, 그런 것 따윈 우린 경멸합니다. 당신을 선택하기 위해, 하느님의 아들, 당신을."(힐데가르트, 『심포니아』, 66)

물론 이 여성들은 교회가 아니며 "교회와 동일하지도" 않다. 아우구스티누스와 그를 따르는 다른 대부분의 남성 추종자들의 경우와 달리 전권을 위임 받은 예언자 힐데가르트 폰 빙엔에게 아모르는 하느님사랑이자 이웃사랑인 카리타스와 동일한 역할을 한다. 성애에 관해서 말하자면 힐데가르트가 쓴 성에 관한 글들에서 그녀가 처녀로서 이 사안에 대해 수집한 지식들이 너무 놀랍다. 섹스 전문가들은 그것이 무엇인지 알고 다른 사람들을 위한 지침을 만들기 위해 섹스를 직접 체험할 필요는 없었던 것 같다. 이것은 순결을 지킨 신부들에게도 상당만큼 해당되는데 그 때문에 이들이 복화술사로 불명예를 당하게 된다. 그럼에도 불구하고 한 여성이 그 정도까지 알 수 있었던 것은 놀라울 뿐이다.

그러나 존재론적으로는 아직도 '존재의 알레고리'가 지배적이어서 지고의 사랑의 본질직관contemplatio theoria으로부터 직접 이런 사랑들의 '보다 낮은 형태'들이 파생될 수 있는 것이다. 힐데가르트가 신부들과 구별되는 점은 여성이자, 이브의 후예로서 그 품위를 잃은 신분을 다루는 데 그토록 열심이라는 것이다. 힐데가르트에게 이브는 육체적 욕망 때문에 죄를 지은 죄인이 아니라 아담의 애인으로, 그래서 자신의 수도원에 있는 수녀들을 하느님의 애인으로 찬미하는 것이다.

페르시아의 천문학자이면서 시인인 오마르 카얌(약 1048~1122)의 사랑의 개념은 좀 더 세속적인데 카얌은 사랑을 불행, 포도주, 우정, 여인들과 같은 개념과 마찬가지로 찬양한다. "열정이 없는 가슴에 화 있으라/ 사랑으로 인해 마법에 걸리지 않은 가슴/ 그에게 사랑의 행운을!/ 그대가 사랑 없이 보내는 하루/ 태양빛을 받을 만한 가치가 있는가/ 달이 그에게 위로를 보낼 만한 가치가 있는가."(『사행시』, 10) 힐데가르트와 다르게 카얌은 노골적인 비신앙인 학자로서 코란에 대한 지식을 순진한 신도들의 지식과 대비시킬 줄 아는 능력이 있었다.

아벨라르와 엘로이즈

'중세'의 가장 유명한 연애사건이라면, (루소만 본보기로 취한 게 아니었던) 12세기의 피에르 아벨라르와 그의 제자 엘로이즈 사이의 사건일 것이다. 이 사건은 두 사람 사이의 서신 교환으로 확인되었으며 그 편지의 허구적 부분은 아직까지 완전히 해명되지 않았다.(아벨라르 1979)

엘로이즈는 어렸을 때부터 수준 높은 학식과 교양을 쌓은 것으로 유명했으며 아벨라르도 당대 프랑스의 가장 명석한 두뇌 중 한 사람이었던 것 같다.(철학적 보편주의에 관한 논쟁에서 아벨라르는 유명론자들은 물론 실재론자들에게도 양보를 강요하는데, 아벨라르는 이때 중도 개념주의자적 입장을 취한다. 하느님에 관한 삼위일체론Dreiheit과 유일신론Einheit을 둘러싼 신학적 논쟁에서도 아벨라르는 역시 중도적 입장을 취한다. 이로써 그에게는 삼분법이라는 환영 받지 못할 이름이 주어진다.)

두 연인의 이야기는 비극적으로 끝난다. 그러나 결국은 순결을 통해 승화된 사랑으로 끝난다. 스승 아벨라르가 정신적으로나 육체적으로 뛰어난 제자 엘로이즈를 유혹하고 나서 그 관계는 한동안 유지된다. 엘로이즈는 아들을 낳고 아벨라르는 분노에 차서 펄펄 뛰는 엘로이즈의 숙부에게 그녀와 결혼하겠다고 제안한다. 엘로이즈는 두 사람의 품위를 떨어뜨리게 될 결혼에 반대하면서 아벨라르에게 충고한다. '사도' 바울을 믿지 못한다 하더라도 이단의 철학자가 결혼에 대해 쓴 책들은 존중하라고. 오늘날 수도승들이 하느님을 위해 가져온 헌물을 철학자들은 지혜에 대한 사랑을 위해 바쳤을 것이다. 아벨라르는 엘로이즈를 수도원으로 보낸다. 결국 두 사람의 관계는 그 철학자에게 남성으로서의 육체적 순결을 대가로 지불하게 함으로써 종결된다. 숙부가 그를 거세시키게 한 것이다. 아벨라르는 이 고통을 하느님의 '공의로운 벌'로 받아들이고 수치와 공포에서 그 역시 수도원으로 들어간다.

『엘로이즈와의 서신 교환 및 수난사』는, 서로 열렬히 갈망하고 사상적으로 교우관계를 맺고 있었지만 그들의 결합이 아마도 당대에는 바로 이와 같은 이유 때문에 결실을 맺지 못하고 정리 받은 두 지식인의 고통을 묘사하고 있다. 허구든 사실이든, 금지되었으나 이미 '소비된' 사랑, 그에 따른 처벌과 순결에 대하여 이야기하고 있다. 이야기는 육체적 욕망에 대한 후회이지 다른 사람에 대한 사랑을 후회하는 것은 아니다. 두 사람은 수도원 담장을 넘어 계속 사랑하게 되고 오늘날까지도 사람을 매료시키는 편지 교환을(책, 찬송가, 설교문 등) 여러 다른 자료들과 더불어 보여준다. 아벨라르가 엘로이즈에게 보낸 한 편지는 다음과 같은 말로 끝난다. "주 안에서 평안하길, 주님의 하녀여, 세상에선 내게 사랑스럽고 귀한 존재였으나 이제는 그리스도 예수 안에서 누구한테나 사랑스럽고 소중한 당신! 안녕, 이전에는 육으로 배우자였으나 지금은 영혼의 누이, 그리고 예수 그리스도에게 맹세한 군대의 용사!"(아벨라르 1979, 387)

아벨라르의 철학적 신학적 성공은 질투를 사고 삼위일체론은 그를 파멸로 이끈다. 아벨라르는 두 번이나 반역자로 유죄판결을 받는다. 아벨라르는 1142년, 엘로이즈는 1164년에 사망한다. 1497년 두 사람의 유골이 모아져서 노장쉬센의 교회 묘지에 묻힌다. 프랑스 혁명 기간 동안 무덤이 파괴되었고 1817년 두 사람은 페르라세즈 공동묘지에 합장되었다.

12세기에는 궁정소설이 처음으로 선보였다.(블랑슈플로와 페르스발 사이의 사랑을 묘사한 크레티엥 드 트루아의『궁정소설』) 안드레아스 카펠라누스*가 라틴어로 쓴 궁정에 관한 논문「사랑에 관하여」(약

* 12세기 프랑스의 성직자이자 작가.

1185~1187)는 점차 유럽을 넘어 퍼져나갔으며 이후 독일어로 번역되었다(15세기 초). 최근 번역본은 「사랑에 관하여」가 아니라 「궁정 섹슈얼리트」라는 제목이 붙여졌다. 여기서는 사랑이 무엇인가가 아닌, 사랑의 방법, 즉 이상화된 형태로든 육체적인 형태로든 아모르의 다양하고도 다채로운 놀이 방법을 다루고 있다. 여성들이 논쟁을 하면서 가장 정교하게 다듬어진 이야기(연설)로 발언을 하는 변론의 형태로 다양한 사랑의 형태의 장점과 단점을 논하고 있다. '에로스에 관한 법정'이라는 아이디어는 특히 크리스틴 드 피장의 『사랑의 신에 관한 서한』(1399)과 마샬 도베르뉴의 『사랑의 구속』(1466), 심지어 20세기 전환기에도 아주 변종된 형태이긴 하지만 오스카 파니차의 반가톨릭적 문제작 『사랑의 법정』(1894)에서 다뤄진다.

카펠라누스의 작품의 전면에는 개념적 차별성이 나타나지만 완전히 구체적으로 사회적인, 예를 들면 고귀한 사랑과 덜 고귀한 사랑 사이의 차별, 또는 육체적-영적 사랑의 합일과 단순 섹스 행위 사이의 차별 등이 전면에 대두된다. 다양한 내용을 서술함에도 불구하고 안드레아스 카펠라누스에게는 특정 방향으로 사랑의 관계를 이상화 시키는 게 관건이다. 이 방향은 부분적으로는 플루타르코스에 연결되는 것 같기도 하고 부분적으로는 근대의 시민적 결혼 이상을 선취하고 있다. 결혼의 이상은 독점성, 상호성, 사랑의 강도 및 고통을 함께하려는 준비 자세 그리고 목표를 정해서 충동의 유예를 감당할 수 있는 마음 자세를 포괄한다. 동성 간의 사랑은 언급되긴 하지만 그 사랑의 위상은 자연의 법칙에 반反하는 것으로 거의 부정된다.

카펠라누스의 논문에서는 특히 그리스도교적 애정도덕, 결혼도덕을 궁정 섹슈얼리트로 옮겨놓았다는 해석이 있는데, 그렇게 옮겨놓음으로써 주권을 쥔 지배자들이 기사들을 더 잘 통제하고 길들이기 위한 것으로 보고 있다.(뒤비 1986/1988) 이러한 해석은 물론 철학사적으로 돋보이는 작가의 창의성과 차별성을 평가절하 하는 것으로, 작가 카펠라누스는 프랑스 왕의 사제이면서 그리스도교적 성도덕으로부터의 엄청난 이탈을 스스로 허용했던 것이다. 그럼에도 불구하고 여성은 비하되거나 이상화되었고 남성에게(이들을 위해서만 저술이 쓰였는데) 원래부터 종속되었다. 카펠라누스의 글들은 여성을 더 잘 조종하기 위한 사용설명서같이 읽힌다.

조르주 뒤비는 사회사적 관점에서 여성들이 찬양 받고 대우를 받는 궁정문학이 결코 현실의 사랑관계와 남녀 성별관계를 묘사하지 않는다는 사실을 밝혀냈다. 뒤비는 이 궁정문학이 젊은 귀족 남성들의 에로스를 길들이고 이데올로기화 하려는 목적이 있었으며 그것은 결국 귀족의 패권을 공고히 하기 위한 목적에 기여했다고 본다. 사랑과 관능을 귀족화시킴으로써 기사들은 스스로 지배자 귀족 계급으로 자신을 높이고 정당화했다. 구조주의적으로 읽으면, 뒤비는 이 궁정문학에서 떠받들어진 여성들은 무엇보다 남편과 토지 귀족 사이의 교환 대상으로서의 신분이었다고 보았다.(뒤비 1988)

파리의 유죄판결: 첫 번째 문턱

1277년은 유럽 정신사에서 아주 특별한 해로 기록된다. 어느 유별난 검열과 유죄판결 사건 때문이다. 이 해는 파리의 주교 스테판 탕피에르가 219개의 훈시조항에 대해 유죄판결을 내림으로써 서서히 신학의 시녀로부터 독립하려는 철학에 다시금 타격을 가한 해이다. 철학사학자 알랭 드 리베라가 제시하듯이 유죄판결을 받은 성적인 요소와 섹슈얼리티에 관한 여섯 개의 조항은 전체적으로 정치적-철학적인 관련을 맺고 있다. 그 여섯 개의 조항을 둘러싸고 있는, 그리고 서로 연관을 맺어주는 테제는 '포괄적인 철학적 반란'의 요소를 포함하고 있는데, 이 반란은 성적인 것이 새롭게 설명되는 배경을 나타낸다.(리베라 2003, 149)

이러한 반란은 아베로에스-아리스토텔레스적 특징이 나타나지지만 토마스 아퀴나스나 알베르투스 마그누스의 신학적인 아리스토텔레스주의적 의미는 아니다. 오히려 이 반란은 아베로에스(본명은 이븐 루슈드)*가 세운 아리스토텔레스주의를 지향하고 있는데 매우 개방적인 아리스토텔레스주의를 표방한다.(그래서 '아베로에스 테제'라는 명칭도 생겨났다.) 이 반란은 육체와 생각의 자유의 가치를 격상시키고, 이로써 그리스도교적인 영靈과 육肉의 분리를 약하게 하였다. 인간의 필멸성을 긍정하는 면에서 이 태도는 세속적-철학적 이론에 접목된다. 이 이론은 나중에 파도바 대학에서 보호처를 구하

* 1126~1198. 스페인의 아랍계 철학자이자 의학자. 아리스토텔레스 철학이 중심을 이루지만 신플라톤주의에서 벗어나지 못했다.

고 또 찾게 될 것이다. 그러나 금지된 테제들은 강령으로서 쇠퇴하지 않는다. 이러한 변혁적인 격동으로 향했던 문턱에서 정리 받은 성과 섹슈얼리티에 관한 테제들은 다음과 같다.

166조: 본성에 반하는 죄, 즉 동침의 오용, 이것은 종(류)의 본성에 거스르는 것은 되지만 개인의 본성에 거스르는 일이 아니다.
168조: 극기Continentia는 그 본질상 미덕이 아니다.
169조: 전적인 금욕abstinentia은 미덕을 해치고 인간을 파괴한다.
172조: 성욕은 생각을 실천으로 옮기는 데 영향을 미치지 않는다.
181조: 정절이란 완전한 금욕에 비해 결코 대단한 것이 아니다.
183조: 독신 남자와 독신 여자가 하는 단순한 외설 행위, 이것은 죄가 아니다.

이러한 테제들의 틀 안에서 나타난 철학적 금욕은 (아리스토텔레스가 말하는 'Meson'의 의미에서) 중용이라는 덕목 가운데 하나일 뿐 결코 죄와 벌이라는 구도 속에서의 그리스도교적 금욕과 순결은 아니다. 그러니까 육욕과 에로스의 억압은 소위 '중세'가 우리에게 남긴 전부는 아닌 것이다.

교회가 지도자들과 제후들이 구속하는 가운데 가장 열렬하게 검열하고 억압한 것은 인간 상호 간의 에로스와 육체 속에 깃든 에로스, 그 에로스의 다채로운 여러 양상들이다. 다른 한편으로는 자유로운 사유 자체에 대한 사랑, 특히 에로스에 대해 자유로이 생각하는 것에 대한 사랑이 억압되고 검열되었다. '서양'의 부흥, 즉 역사적-지리적 담론 조직만으로 볼 수 없는 '서양'의 부흥이 막스 베버가 주장하듯, 그리스도교의 강압적인 성도덕 덕분인지, 아니면 이 성도덕이 무엇보다 끔찍한 범죄와 인종대학살에 대한 가장 결정적인 원인들 중 하나는 아닌지, 하는 문제는 여기서 결론을 내릴 수 없다. 그러나 그처럼 강제로 인하여 치명적인 결과를 몰고 왔다는 엄청난 테제, 성적 에로스를 억압한 강압적인 성도덕에 관한 테제는 감정적인 격렬함을 증거로 보여준다. 이 격렬함은 어느 정도 자유로이 생각하는 인간에 의해 만들어졌다면 강요에 대한 생각만으로도 저절로 일어난 것이다.

'철학자'들과 대학에서 인정을 받지 못한 여류 사상가들이 생각의 자유와 욕구, 특히 에로스에 대해 사유했다는 것은 그들이 자신의 말과 삶으로 인해 생길 수 있는 위험을 보여주는 동시에 높이 평가할 만하다. 자유로운 정신의 '형제자매'들은 좁은 의미에서의 철학자들이 아니었다. 그러나 자유로운 여자남자공동체(베긴-베가르덴 공동체Beginen-und Begarden—Gemeinde)*에 모였던 인간들, 지적으로 활동하는 인간들은 전적으로 철학적 논쟁을 할 능력이 있었다. 무엇보다 그들은 철학 논쟁에 관심이 있었다. 마이스터 에크하르트**는 오늘날까지 그들의 가장 중요한 대변인 중 한 사람이다. 물론 마이스터 에크하르트는 그들을 개종시키기 위해 파견되었지

* 12세기 네덜란드, 13세기 독일, 프랑스, 스위스, 북부 이탈리아 등에서 남녀가 결혼하지 않고 경건한 생활을 하던 그리스도교적 수도단체를 말한다. 수도회에 속하지 않는다. 가톨릭교회로부터 이단 처벌을 받았고, 종교재판소로부터 박해를 받았으며, 나중에 교회로 복귀하여 종교개혁 운동에 합류했다.

** 1260~1328. 중세 독일의 신비주의 사상가.

만 말이다. 그들이 에크하르트에게 끼친 영향이 저주가 되었는지 그는 이단자로 유죄판결을 받았다. 에크하르트의 고해신도인 카트린의 이야기는 오늘날 에크하르트가 아니라 남녀공동체 사람들이 썼을 것이라고 추정되는데 이 이야기는 새로운 (철학적) 순결과 영성, 즉 몇몇 요소에 있어서는 궁정 연애의 이상과 일치하는 영성을 일깨우는 서막이 되고 있다.

그리스도교적 성도덕의 제도화 과정에서 에로스가 완전히 없어진 것은 아니다. 서로마제국에서는 어휘상 더 이상 에로스가 살아남지 못했다 하더라도 최소한 '재-결합re-ligio'이라는 가장 넓은 의미에서 심리감정적 종교적 현상으로 존재한다. 즉 결합과 엑스터시가 그것이다. 에로스가 극도로 추상적인 개념의 하느님과 예수 그리스도를 통해 지고의 모범이 된 '가까운 이웃'으로 일반화된 인간들에게로 동시에 향하게 되면서 에로스는 형상의 다양성과 부정성 속에 갇히게 된다. 반대로 예수 그리스도는 하느님의 성육신으로서 인간들에게 그들 고유의 모습대로 서로 사랑하도록 허락하고 하느님을 닮게 한다. 소비될 수 없는 사랑, 또는 자신의 충동운명에 따라 소비될 필요가 없는 사랑을 말이다.

철학적-에로스적 방종을 사례로 개관하게 되겠지만 그리스도교의 성도덕은 반대 운동을 불러왔고 이에 영향을 주었다. 이 운동은 자신들이 반대하는 그것에 부정적으로 의존하기 때문에 에로스적인 것의 합리화, 도구화의 의미로 이해할 수도 있다. 확실한 거리를 두고서 말할 수 있는 것은 인간들 간의, 인간들 사이의 에로스가 그렇게 쉽사리 모욕을 당함으로써 억눌리지 않으며 더욱이 완전 멸절당하지 않는다는 사실이다. 그러나 에로스는 마치 불협화음을 이루며 에로스에 의해 난 상처를 몸으로 은유화한 영혼들처럼 만신창이가 되어 반창고가 붙여져 일종의 사이비 치료를 하는 구원의 역사로 이끌려질 것이다.

남성 작가들이 여성 적대적으로 에로스/아모르의 명예를 훼손한 것에 반대하여 최초의 여성 인문주의자 중 한 사람이 저술을 내놓았다. 크리스틴 드 피장의 『사랑의 신에게 보내는 서한』(1399)이 그것이다. 이 저서에서 크리스틴은 도덕적으로 정신적으로 더 열등한 성으로 여성을 왜곡시키는 데 반대하여 간결하면서도 정확하게, 그러면서 날카롭게 논쟁하고 있다. 그녀는 특히 13세기 말 기욤 드 로리스의 후계자로서 『장미소설』을 마지막까지 집필한 여성 혐오적 연애시인 장 드 묑을 반박한다. 크리스틴은 특히 육체적 사랑, 즉 알레고리적으로 여성/장미와 동일시되며—이성의 이름으로 사악하고 육체적인 유혹으로 경멸 받는 육체적 사랑에 대한 결코 새롭다고 할 수 없는 묘사 내용에 반대한다.

크리스틴 드 피장은 자신의 비판을 후에 '여성 논쟁'으로 발전한 '장미소설 논쟁'으로 시작한다. 그녀의 시는 명예를 더럽힌 여성이 큐피드가 최고 자리에 앉아 있는 법정에 호소하는 형식으로 되어 있다. 그 이름을 영원히 남긴 여성 작가 크리스틴은 상당히 과감하게 자신을 내보이는데, 특히 그녀는 큐피드뿐만 아니라 다른 신들, 큐피드 아래에 있는 다른 '이교도적' 신들에게 탄원한다. 이들 중에는 절대 권한을 가진 주피터도 있다. 크리스틴이 가장 격렬하게 반대하는 것은 싸잡아 비난하는 일로 이에 대해 크리스틴은 가장 잘

논박을 펼칠 수 있다. 그녀의 소원은 귀족적 관점에서 쓰였는데 이때 수사학적으로도—남성성과 여성성의 긍정적이고 고매한 이상을 노래한다. 그녀가 귀족 가문 출신이며 프랑스 왕의 교사로서 왕의 보호를 받았다는 사실에서, 그녀가 유죄판결을 받지 않았으며 그녀의 저술이 역사적으로 그만큼 비중 있는 '논쟁'을 시작할 수 있는 힘이 있었음은 당연하다 하겠다.

제5장

(신)플라톤주의의 재탄생: 르네상스와 인문주의

르네상스는 에로스에 관한 고대철학 명제의 '재탄생' 및 재발견만이 아니라, 그 후 수백 년간 스캔들과 세속화의 추진력을 불러온 성애학性愛學적인 단초들이 나타난 시대이기도 하다. 초기에는 에로스 철학의 전면에 아가페라는 그리스도교적 이상이 자리 잡고 있는데, 이 에로스 철학은 마르실리오 피치노의 플라톤 독본讀本에 의해 영감을 받아 다시 번성하기 시작한다. 수많은 철학적 에로스-대화편 가운데 특히 레오네 에브레오와 툴리아 다라고나의 대화편이 두드러진다. 이들은 플라톤의 에로스 철학적 토포스를 포착해서 유대교적 그리스도교적 성도덕에 편입시키고 플로티노스의 에로스 해석과는 아주 다른 관점을 열어 보인다. 특히 섹슈얼리티와 인식의 접점을 모색한다. 에로스는 통상적인, 문학에서 더 자주 그려진 다형적 성 실천에 반해 거의 '규범화' 된다.

그럼에도 불구하고 이 성 실천들은 플루타르코스 이후 사라진 듯 보이는 에로스의 모습들을 다시 논의의 대상으로 삼은 에로스 철학의 흔적들을 남겼다. 그것이 바로 플라톤의 안테로스(보답으로서의 사랑) 모티브, 철학적으로 무장한 친애親愛관계에서 성의 평등에 관한 문제, 동성애적 에로스에 관한 문제 등이다. 그러나 검열과 종교재판, 프랑스에서 여전한 절대주의는 압력을 더 가중시켰으며, 에로스의 다채로운 모습은 점차 미미한 흔적만 남게 된다. 30년전쟁이 끝난 후 혼란기에 들어서 비로소 마치 억압되었던 것이 갑자기 폭발하듯 한층 강화된 비판적 경향이 나타난다. 자유라는 것을 '지적인' 남성들(여성들은 거의 없다)이 사고 그 자체 속에서뿐만 아니라 사랑과 성에 관한 사고 속에서 누리게 된다. 전적으로 종교적인 사상가들과 훗날의 '자유방탕

> 아Libertins'들 사이에 인문주의자들이 있다. 이들은 르네상스로부터 분출되는 사고의 전개와 더불어 인간이해를 향한 새로운 길을 추구하게 된다. 그들 중 가장 흥미로운 인물이 몽테뉴이다. 몽테뉴는 개방적이고 비인습적인 사랑관을 내보일 뿐만 아니라 당대의 '페미니스트적' 사안에 대해서도 수용적인 자세를 취했던 인물이다.

피렌체의 르네상스

13, 14세기에 점차 확산된 세속화와 이탈리아의 도시국가 생성과정에서 민주주의적 권력관계의 재발견과 고대철학, 문화, 생활방식의 재발견(재탄생, 르네상스)은 서로 연관되어 있다. 물론 그곳에서 전수된 아리스토텔레스주의의 영향을 받은 자유사상의 정신적 중심지는 한동안 북부 이탈리아의 파도바였지만, 그 포괄적인 정치적-지적 '출발 움직임'의 출발지는 중부 이탈리아였고, 그곳에서부터—격렬한 반대 반응도 없지 않았으나—서유럽, 북유럽 쪽으로 퍼져나갔다.

플라톤의 에로스 철학은, 철학, 조형미술, 문학에 관련된 것이든, '재탄생'의 시대에 중요한 역할을 하였다. 흥미로운 것은—그때까지는 없었던—특히 아름다움의 이상에 관해 형성된 다양한 에로스의 '생성유형' 간의 결합이었다. 각 분야들 간의 이러한 새로운 결합과 그와 관련한 재탄생 혹은 탄생의 의미와 메타포는 새로운 유형의 철학 그리고 특히 미켈란젤로에 의해 성찰되고 구체화된 새로운 통합적 예술 개념을 제시해주었다.

철학자 마르실리오 피치노(1433~1499)는 미켈란젤로와 마찬가지로 코시모 데 메디치가 고대 그리스의 재발견과 재적용을 위해 상당한 몫을 할애한 르네상스의 중심지 피렌체에서 살았다. 피치노는 계약을 맺고 플라톤의 『향연』에 대한 상세한 주석을 집필했으며 그것을 『사랑에 관하여』(1469)라고 이름 붙였다. 피치노는 자신의 저서에서 에로스를 찬양하는 고대 향연을 새롭게 연출하는데, 『향연』을 자신의 시대인 피렌체로 옮겨놓고 여러 학자들로 하여금 발표를 하고 논평을 하게 한 것이다. 그는 에로스를 영적인 것으로 만들고, '플라톤적 사랑'을 그 당대의 그리스도교적 상황에 맞춰 넣으려 한다. 그리고 육체상의 생식을 번식이라는 '철학적 지위'로 격상시키거나 아리스토파네스 전설을 파격적으로 줄여서 묘사한다. 이는 무엇보다 여성의 동성애에 어떤 자리도 내줄 수 없도록 하기 위해서이다. 피치노는 플로티노스의 영향 아래 에로스를 신적인 힘으로 해석하며 신을 모든 사랑의 원천으로 주장하며 에로스를 영적인 것으로 추상화한다.

이러한 목적을 위해서 피치노는 플라톤의 다른 대화편에서 나온 특정한 철학 명제와 사고과정을 일종의 플라톤적 체계에 연결하였다. 그것은 피치노 자신의 해석을 '플라톤에 충실한' 해석으로 보이게 하려는 의도였다. 플라톤이 우연히 두 개의 상이한 대화편을 쓴 것은 아니지만 피치노는 자신의 『향연』 해설서에서 『파이드로스』의 에로스 개념을 섞어 넣는다. 플라톤이 에로스에 관해 행한 다양한 '담론들'이 적절하게 다양한 방식과 다양한 연설로 연출하고 토론하는 반면, 피치노는 플라톤의 에로스를 플로티노스적인 시스템에 편입시킨다.(이는 여러 부분에서 사후 구성되었음에도 불구하고 오늘날까지 통용

되는 플라톤의 이미지를 특징짓는다.)

피치노가 얼마나 정확히 또는 추가적으로 꾸며 넣으면서 진행을 하는가 아니면 피치노가 의도적으로 『향연』을 재신화화 하는가 하는 문제는 중요하지 않다. 그는 그리스도교적 태도의 도덕적 요구 사항을 위해 알레고리화 하면서 『향연』과 그 향연의 사이비 주인공 디오티마에게 그들이 어쩌면 단 한 번도 갖지 못한 울림을 주었는데 이는 오늘날까지도 반향을 울리고 있다. 물론 피치노의 경우 직접 그런 것을 찾을 수는 없다 하더라도 '플라토닉 러브', 즉 그리스도교적 아가페와 융합되어 탈육체화된 에로스라는 상투어는 여기서 그 출발점이 나온다. 그는 한편으로는 디오티마 연설의 과대평가에, 다른 한편으로는 신적이면서 존재론적-형이상학적인 정신의 빛과 같은 에로스로 고양시키는 데 바탕을 두고 있다. 거기에 계산된 에로스의 '목표'는—즉 더 이상 열망epithymia과 연관되지 않은 우정(필리아)인—에로스 그 자체가 된다.

15세기 말의 이탈리아 유대계 철학자 레오네 에브레오(예후다 빈 이삭 아브라바넬)는 『사랑의 대화』(1505년 집필, 1535년 사후 발간)에서 플라톤의 『향연』을 그의 시대에 이입시키고자 했다. 필로네(사랑philo에 빗대어)와 소피아(지혜) 사이의 대화에서 에브레오는 철학을 이루는 이 두 부분을 변증법적으로 대비시킨다. 피치노의 시도, 즉 플라톤의 에로스 이론을 그리스도교적 성도덕에 편입시키려는 시도와 유사하게 에브레오는 플라톤의 이론을 유대교의 성도덕에 편입시킨다. 이때 에브레오는 인식 행위와 섹스 행위 사이의 고대적 유추관계를 특별히 강조한다.(코데라 1995) 두 개념이 히브리어에서 어휘상 일치되는 반면, 피치노의 플라톤 해설서에서는 그 연관성이 억압되어 있다. 그 관계가 플라톤에게서는 차용관계라는 의미에서 전적으로 존재함에도 불구하고(정신적인 생식 행위, 출산 행위는 개념상 육체적 생식과 출산 행위에 비유된다) 에브레오뿐만 아니라 아베로에스에 의해서도 두드러지게 나타난 사랑과 인식 사이의 연관성에 관한 문제를 다루는 데 있어서 성은 규격화된, 우주적-창조적 권력이 된다. 이로써 에브레오는 영원히 선한 창조에 대한 반영지주의적이고 반그리스도교적인 시각을 열어 보인다.

툴리아 다라고나의 대화편 『사랑의 무한성에 관하여』(1540년대 집필)는 무엇보다 플라톤의 『향연』과 에브레오의 『사랑의 대화』와 연관을 맺고 있는데, 툴리아는 에브레오보다는 피치노의 영향을 더 크게 받고 있다. 피에트로 벰보가 이미 여성들을 (단지 알레고리로서가 아니라) 대화 파트너로서 자신의 사랑의 대화편에 통합시킨 바 있어 툴리아와 역사적 인물 베네데토 바르치 사이의 대화는 이와 관련해서 전혀 새로운 것이 아니다. 툴리아 다라고나는 유명한 창녀로, 어느 주교와 창녀의 딸이었다. 그녀는 자유롭게 작가 일을 할 수 있는 여성으로서의 사회적 지위를 얻기 위해 투쟁했다. 그럴수록 더더욱 툴리아는 정숙함과 도덕적으로 올바른 사랑의 착상을 얻기 위해 노력한 것으로 보인다. 그러나 이뿐만이 아니다. 바르치는 동성애에 관한 공개적 토론에서, 사랑 그 자체로서 파트너가 누구이든지 상대방을 높이 사야 한다고 주장한다. 에로스의 다양한 형태와 단계는 선험적으로 동등하다고 인정받지 못하고, 대화 속에서 거듭 새로 도출되는 차이점 사이의 위계질서에 따라 순서가 정해진다. 이때 이 위계질서는 거듭 바뀐다. 명사 '사랑'과 동사 '사랑하다' 중 어느 것이 더 높은가 하는 문제에 이어서 사랑 받는 존재 또는 사랑하는 존재 중 어느 것에 더 높이 가치를 둘 것인가 하는 문제가 이어진다. 결과적으로 사랑의 유한성, 사랑의 무한성에 대한 문제가 논의된다.

이 모든 문제들은 아리스토텔레스적인 개념을 도구로 사용한 플라톤적 대화로 편집되었으며 이때 문법의 형이상학적 사용(능동/수동, 문법적 성, 서열 등)이 조롱을 당한다. 즉 회상성을 추구하는 에로스의 굴레 속에서—용어들(한계들, 개념들)이 지속적으로 교차되고 동일시될 뿐만 아니라, 의인화되고 모순적으로 되어 기존의 위계구조가 훨씬 효과적으로 강력하게 전복된다. 즉 사랑 받는 자(라마토l' amato)가 능동적 주체(이것이 사랑을 촉발하므로)가 됨으로써 사랑하는 자(사랑에 시달리는 자)보다 높은 위치에 있다. 그러나 에브레오의 경우에서처럼 여기서도 사랑의 주체 자신이 사랑 받기 위해 노력한다. 즉 자신보다 우위에 있는 서열을 쟁취하기 위해 노력한다. 이것은 특히 『파이드로스』에서 연인과 애인(사랑 받는 소년) 사이의 응답받는 사랑(안테로스)으로 제기된 주제로서 남자와 여자 사이의 에로스에 관계되며, 플루타르코스와 유사하게 툴리아도 여성을 에로스 또는 필리아의 파트너로서의 동등권을 쟁점화시키는 데 촉매제가 되고 있다.

툴리아도 육체-영혼-관계에 대한 부록에서 바르치와 대립되는 논쟁을 펼친다. 바르치가 영혼의 가치만이 높다고 옹호한 반면, 툴리아는 육체와 연관된 영혼에 더 높은 가치를 부여한다. 툴리아는

'사랑의dell'amore' 근거와 본질로서의 신적인 사랑의 무한성을 열렬히 옹호하면서 도달하기 어려운 지평을 통해서 아가페와 에로스를 일치시킨다. 지평의 이편에는 사랑의 다양한 형태 사이에서 활발하게 움직인다.

이처럼 에로스를 아가페로 국한시키는 협소한 관점은 의미하는 바가 많은 '카차리Cazzarie'(즉 Cazzo,* 독일어 Schwänzereien, Schwanz에도 해당한다.)라는 제목이 붙은 안토니오 비날리의 텍스트에서 웃음거리가 된다. 이 드라마는 문예학적인 지식이 없는 사람들은 해석하기 어렵다. 언뜻 보면 이 드라마는 악동 소설 장르에 속하는 것 같지만 자세히 보면 에로스를 순전히 정신적이고 그리스도교적으로 축소시킨 플라톤 이후 시대의 희극적 해체로 밝혀진다. 여기에 들어 있는 플라톤의 『향연』에서의 아리스토파네스 연설에 대한 외설적인 암시는 피치노 또는 다른 사람들에 의해 그냥 묻혀버린 『향연』의 면면들을 적나라하게 과장하면서 왜곡된 방식으로 복권시킨다.

종교-전쟁의 혼란기 한가운데 선 인문주의의 에로스

16세기 역시 도덕 및 신앙의 문제를 중심으로 일어난 유혈 갈등으로 점철되었는데, 이로써 도덕은 명백히 정치화된다. 르네상스와 더

* '카초'. 이탈리아어로 남성 성기를 뜻하며 영어 'fuck you'에 해당하는 욕이다.

불어 시작된 지성적 다원주의는 성직자계급의 도덕적, 성적 방종을 불러왔고, 엄격한 도덕주의적 반대파들을 움직이게 만들었다. 도미니크 수도회의 카리스마 넘치는 수도사 사보나롤라는 이미 15세기 말 피렌체에서 메디치가家 치하에서 이러한 도덕적 붕괴를 막기 위한 대대적인 작업에 착수했다. 사보나롤라는 피렌체의 '교양시민계급 출신의' 지배자들을 숙청하는 데 앞장섰지만 자신은 화형에 처해졌다.(1498) 반세기 뒤에 성직자계급에 대한 비판은 번져나간다. 즉 루터가 이러한 가치의 소용돌이 속에서 성직자계급과 가톨릭교회의 이중적 도덕의 행위와 도그마의 실체를 폭로함으로써 종교적-정치적 무대, 이어 종교적-전쟁적 무대에 등장한다.(비텐베르크 반박문 1517) 서적 인쇄는 건설적인 동시에 파괴적인 이 혼란을 확산시키는 데 일정 부분 기여했으며 검열도 초기에는 거의 영향을 끼치지 못했다.

그러나 전 유럽을 뒤흔들고 광기에 몰아넣는 제2의 그리스도교 분열을 두고 벌이는 격렬한 싸움은 이제 막 싹이 튼 인문주의적 자유 및 그 옹호자들을 구속했다. 특히 칼뱅의 지배를 받고 있는 제네바에서는 도덕이 엄격해졌다. 반면 뮌스터에서는 일 년 동안(1534) 프로테스탄트파의 재세례파 정권이 주교와 봉건귀족 군대의 공격에 맞서 세력을 유지했다. 일부다처제, 재산의 공유, 공동식사 등이 민중에 의해 임명된 지도자 얀 반 레이덴('정의의 사람') 아래에서의 공동생활을 특징짓는다. 개혁운동이 추진되고 정상화되었는데 그것은 얼마 안 가서 금지된 재세례파들뿐만 아니라 점차 모든 '자유방탕아'와 '에피쿠로스파'(육체주의자)들에 맞헌 개혁운동이었다.

이 개혁운동은 근본적 특징에서 '신자'와 '신민臣民'을 훈련시키고 겁박함으로써 프로테스탄트파가 그토록 처절하게 맞서 싸워온 가톨릭교회를 닮아갔다. 그리고 스페인에서 시작되어 완성된 가톨릭 교회의 기관과 똑같은 기관을 설치하였다.

16세기 중반경 트리엔트 주교회의 이후 도입된 반종교개혁의 공고화 과정은 1580년대 들어서 비로소 제대로 착수된다. 도미니크 수도회 수도사이자 종교재판관인 하인리히 크라머와 그의 동료 야콥 슈프렝어가 출판한 동명의 마녀사냥 지침서 『성 바르톨로메오 축일』(1486)은 그 시대는 물론 그 이후에도 오랫동안 상당히 많은 발행부수를 기록했다. 이 책은 마녀사냥은 물론 마녀처형을 체계화 하고 악마에 사로잡힌 반역자(이단자)를 '마녀'로 만들어 '이단자의 여성화'를 강조한다. 그리스도교적인 육체와 여성 이미지는 이 책에서 비인간적이고 집단 범죄적인 형상으로 고안되어, 졸지에 집단적으로 상상 가능한 것, 그리고 에로스와 성의 실천에 바로 영향을 미친다.

영적인 '자유방탕아(리베르탱Libertin)'들은 고대 로마의 해방된 노예들로부터 이름이 파생되었는데, 그들과 유사하게 정신에 있어서 해방된 자('자유사상가Freidenker')들이다. 즉 이들은 허구의 원죄라는 멍에와 이와 관련된 종교적 상상체로부터 해방된 존재들이다.(푸코 2007) 이들은 자신들의 사랑, 섹스 그리고 생각을 그리스도교적 강제도덕이라는 꽉 조이는 옷 속에 가두기를 거부했다. '리베르탱'이라는 명칭은 위험한 이단자에 대한 욕(예를 들어 칼뱅)에서 점차 지성적이고 정치적인 명예까지 얻기에 이르지만 사드의 충격적인 문학과 더불어 다시 은근히 매료된 위선적 정숙함 속으로 빠지게 된다. 17, 18세기 에로스 철학에서 핵심 개념인 리베르탱의 역사에서는 이 개념이 추구하는 바를 끝까지 겨냥하는 반대파들의 차별화가 시도된다. 이들 시각에서는 리베르탱들의 주 특징은 성적인 방종, 불신앙, 그리고 거만이라는 것이다. 제네바에서 칼뱅의 선구자였던 기욤 파렐은 자신의 도전적인 팸플릿 『말의 검』(1550)에서 해당사항이 열거된 극단적 목록을 보여주고 있는데 여기에는 '창녀'들과 '포주'들도 줄줄이 열거되어 있다.

그 후 반대파들의 공격이 한층 더 정교해졌다. 그들은 지배질서의 수호자로 자처하며 자신들이 신앙과 질서와 도덕의 파괴자로 여기는 자들, 즉 진짜로 자유로운 자들이 아니라 이탈자에 불과한 자라고 여기는 자들을 박해한다. 특히 칼뱅주의 성향이 강한 프로테스탄트 교도들이 이런 관점을 가진 자들이었다. 그런데 이들도 과거에 가톨릭교도들에 의해 아주 흡사한 형태로 비난을 받았던 사람들이었다.

종교전쟁 끝 무렵 프랑스에서는 '성 바르톨로메오 축일 사건(1572)'*으로 갈등이 최고조에 달한다. 더욱 관용적이며 다원화된 사회와 정치에 대한 열망은 점점 더 강해졌으며, 이러한 열망은 불확실한 평화 이후에도 점점 표출되었다. 이것은 특히 보댕이 자신의 후기 작품 『숭고의 비밀에 관한 7인의 대화』(1583)에서 제시한 바와

* 성 바르톨로메오 축일 전날 밤의 종소리를 신호로 하여 프랑스 가톨릭 세력(구교도)이 프로테스탄트인 위그노(신교도)를 대량 학살한 사건을 말한다.(1572. 8. 24.) '위그노 대학살 사건'이라고도 한다.

같이 종교적 신앙원리의 다양성과도 연관된 것이었다. 여기서는 각기 다른 신앙 내지 무신앙을 대표하는 일곱 명의 인물들**이 점잖은 어조로 서로 대화를 나눈다. 다른 한편으로 이러한 열망은 에로스 그리고 섹슈얼리티 또는 결혼과 에로스의 관계에 대한 논쟁과도 관련된 것이다.

철학자 몽테뉴는 점차 영향을 미치기 시작하는 인문주의적 개방성을 대표하는 가장 대표적인 인물이자, 훗날 르네상스시대의 회의론자들 중에서 가장 유명한 인물일 것이다. 이 회의론자들은 고대의 회의론을 학문의 종교적 단절이 아니라, 그 반대로 절대화된 신앙적 교조주의에 대한 비판적 탐색을 위해 이용한다. 자서전적이고 그리스도교적 고백문화의 성격이 짙은 『수상록』(1580 이하)에서 몽테뉴는 에로스(아모르, 사랑)의 다면성과 창의성을 근거로 육체적 욕구와 상상욕구의 접점에서 에로스를 제대로 평가하려고 노력한다. 자유주의적이며 명망 있는 귀족으로서 몽테뉴는 그의 삶 속에서 에로스의 흔적을 찾으려 했는데, 그 대상은 성적인 에로스뿐만 아니라 플라톤으로부터 영감을 받은 에로스도 포함되었다.

친구인 에티엔 드 라 보에티와 더불어 몽테뉴에게는 에로스와 우정의 고대 식 결합이 실현 가능한 것으로 보였다. 이러한 친애적 사랑은 얼마 가지 못한다. 드 라 보에티가 33세로 요절했기 때문이다. 몽테뉴는 이전의 엘로이즈가 그랬듯이, 비슷한 근거로 결혼에 반대하는 입장을 취했다. 그럼에도 불구하고 정략결혼을 감행

** 이들은 철학자, 이슬람교도, 칼뱅주의자, 로마 가톨릭교도, 루터교도, 유대교도, 회의론자이다.

했다. 인생 말년에—이미 홀아비로서—자신보다 훨씬 젊은 '페미니스트' 마리 드 구르네를 만난 것이다. 그녀와 더불어 몽테뉴는 드 라 보에티와 나누었던 것 같은 친애적 사랑을 나눈다.

몽테뉴의 에로스 개념에서 흥미로운 점은 상상력의 중요성에 있다.(마이어호퍼 2003) 몽테뉴가 「상상력에 관하여」(Ⅰ, 21)와 「기분전환에 관하여」(Ⅲ, 4)에서 묘사하고 있는 에로스적 몽상은 성에 대해 생산적인 긴장관계를 유지하고 있다. 에로스적 몽상은 노화 또는 통증을 막는 치료로 가능하다. 몽테뉴는 플라톤이든 베르길리우스든, 고대 에로스 문학과 에로스 철학을 효과적으로 이용할 줄 알아서 자신만의 고유한 학구적 성찰의 형식으로 거리낌 없이 자신의 생각을 표현한다.

몽테뉴의 구상에 따르면 성적 욕구의 본성은 제한될 수 없으며 오히려 고귀하게 가치를 높일 수 있다. 그래서 몽테뉴는 그리스도교적인 욕망의 분리에 반대해서 이것을 다시금 상상쾌감과 연결시킨다. 상상쾌감이란 용어 자체는 프로이트에게서 나온 것이지만 그 의미는 오히려 몽테뉴가 훨씬 이전에 분명하게 밝히고 있다. 플라톤과 더불어 몽테뉴는 아모르도 에로스로 파악하며 『향연』에 넌지시 기대어 말하기를 소크라테스에게는 생식이 신적인 활동이며 아모르는 불멸을 향한 바람이고 그 자체로 불멸의 다이몬, 중간자라고 한다. 몽테뉴의 결론은 에로스적이고 성적인 사랑은 보다 영적인 우정으로 넘어가면서 소멸된다는 것이다.(「우정에 관하여」, Ⅰ, 28)

제6장

초기 낭만주의와 반反목가주의: '속박 없는 자유'와 계몽주의

'속박 없는 자유Libertinage'와 자유를 쟁취하기 위한 그 투쟁의 특징이 확연하게 드러난 것은 16세기 말 그리고 특히 18세기 전환기를 지배했던 살인적 폭력의 경험이었다. 과연 어느 정도까지 폭력이 문화적으로 섹스화되었는지, '속박 없는 자유'가 어떻게 실행되었으며 (절망적인) 노력에 그치지 않고 그 노력을 통해 그토록 강력하고 도처에 있는 파괴의 힘들을 끝장내버렸는지, 다시 말해 전쟁과 종교재판의 시대에도 '속박 없는 자유'가 독자성을 확보한 후 다시 에로스와 어떻게 연계될 수 있었는지에 대해 묻고자 한다. 이러한 에로스적 철학적 승화는 한 국면에 불과하다. 다른 한편으로 크리스틴 드 피장에 의해 시작되고 이제 다시금 불붙기 시작한 '여권 운동Women's Pride'에도 불구하고, 폭력의 섹스화가 폭력적인 섹슈얼리티의 등장과 관련이 있다는 것은 중요한 의미를 갖는다. 사드에게 이 섹슈얼리티는 비단 여성만을 희생의 대가로 삼는 게 아니다.

'낭만적 사랑'이라는 토포스의 근간이 되는 규율, 정념에 대한 내면화와 극기, 이것은 무엇보다도 고대에는 물론 계몽주의 시대에(예를 들면 데이비드 흄)도 엿볼 수 있는 인물의 고귀함Kalokagathia에 관련된다. 고귀함은 그 자체로는 근대적인 것이 아니라 고대 그리스 이후 효력이 나타나고 이상으로서 강압적인 그리스도교 도덕을 공고히 하는 데 크게 기여했다. 이 두 가지의 결합으로 비로소 고상함은 이제 언급할 낭만주의의 에로스-멜랑콜리를 특징짓는다. 그에 반해 교화적이며 계몽적인 교육기관으로서의 철학적 에로스 문학이 체계성에 있어서 더 근대적인 것처럼 보인다. 철학적 에로스 문학의 대표 주자는 루소이다. 어쨌든 에로스는 계몽주의 시대에 이미 자기 훈련과 내면화를 통해

> 길들여져야 할 야성으로만 특징지어지지는 않는다.
> 오히려 연애 감정의 폭발적인 힘은 시민사회적으로 온순하면서 마찰 없이 상호보완적인 성별질서 속에 접목되고 '근대적 목가주의'에 의해서 그런 식으로 스며들게 되었다. 남녀 간의 엄격한 분업이라는 병리학적이고 교화적인 에로스 교육학을 발전시킨 인물은 장 자크 루소이다. 루소는 자신이 맞서 싸운 그 파괴적이고 자유방종적인 세계에 깊숙이 끌려갔다. 정반대로 '리베르탱'들은 자신들이 조롱했던 수도원 도덕의 세계 속으로 빠져들었는데, 그 세계의 폐허 위에 심지어 사드의 경우에는 그리스도교적인 파트너 관계의 목가와는 급격히 단절된 낭만주의가 빛을 발하게 되었다. 물론 그것은 폭력적 관계와 폭력의 과도함 속에 얽매여 에로스에게 한 치의 공간도 허락하지 않는 낭만주의였다.

공식적 비공식적 도덕에서 초기 르네상스 시대와 관련이 있는 단절기들은 곧 이 도덕을 스스로 재건했다. 그럼에도 불구하고 이 단절기들은 계속해서 암암리에 작용을 하는 것으로 보인다. 그래서 16세기 종교전쟁의 혼란과 참혹함은 그 끝무렵에 다시금 비판적인 움직임을 일으키는데—모든 사상과 실천의 억압에도 불구하고—그 후 수백 년 동안 더 이상 멈추지 않고 소위 '속박 없는 자유'로 17세기와 18세기를 특징짓게 된다. '속박 없는 자유'는 특히 프랑스에서 제도화된 도덕 관념이나 그 도덕 관념을 지키는 담론의 실천, 그리고 지배자의 현실을 문제 삼을 뿐 아니라 날카롭게 풍자하는 그런 경향을 지칭한다. 지배적이며 제한적인 담론들은 상이한 방식으로 희화화되거나 공격의 대상이 되었고 폄훼되었다. 이 경우 초기 르네상스 시대의 문학에서 그리스도교적 성도덕에 대한 희화화는 분명 '속박 없는 자유'의 선구자이기도 한데 프랑스에서는 특히 라블레*와 비용**의 영향(바흐친 1987)을 들 수 있다.

루소의 소시민적 성 관계 설정

칼뱅주의자들이 지배하던 제네바에 살면서 파리를 지향했던 장 자크 루소(1712~1778)는 에로스 철학을 특히 교육적 서간소설 형식으로 발전시켰다. 그 속에서 사랑의 경험은 사회적 차원에서는 물론 감정적-윤리적 차원에서도 체험되고 공동으로 성찰된다. 욕망에 의한 도덕의 시험이 어려워질수록 학습은 더 교화적이 된다. 이러한 교화문학에서는 사랑과 결혼의 이상이 상호 결합되고 그것을 실현시키기 위해 애쓴다. 이것은 불가능하지만 그 노력과 정신적으로 충격이 완화된 좌절은 최소한 교훈적이어야 한다.

루소의 베스트셀러 『에밀 또는 교육에 관하여』(1762), 『쥘리 또는 신엘로이즈』(1761), 『에밀과 소피 또는 고독자들』(미완성, 사후 출간, 1782), 이 세 권은 다양한 사랑의 운명을 다루고 있는 방대한 삼부작이다. 이 삼부작은 『에밀』에서의 불균형적인 남녀계약에서 시작해서 에밀과 소피 사이의 애정에 의한 결혼이라는 착각 속의 결말을 거쳐 2부로 된 애정극 형식의 서간소설로 이어진다. 이 서간소설은 『엘로이즈와의 서신 교환 및 수난사』에 의거하여 구상되었는데 제1부는 에밀과 소피가 아니라 다른 두 명의 주인공, 즉 귀족인 쥘리

* 프랑수아 라블레(1494~1553경). 프랑스 르네상스 시기의 대표적 작가.

** 프랑수아 비용(1431~1463). 프랑스 중세 후기의 대표적 시인.

와 그녀의 가정교사 생 프뢰가 신분계급에 맞지 않는 사랑을 하는 것으로 되어 있다. 오랫동안 정결한 금욕생활로 시간을 보낸 후 마침내 불명예스러운, 그러나 대담한 결합이 성사된다. 처음엔 생 프뢰가 쥘리 주위에서 물러나고 그런 다음 성실한 남편과 '삼각 살림살이'를 하게 된다. 쥘리가 아버지의 승낙을 받아 이 남자와 결혼하게 되지만 신뢰성 없는 세 사람의 행복은 오래가지 못한다. 쥘리가 모성애적인 영웅으로 비극적인 결말을 맺기 때문이다. 쥘리는 물에 빠진 자식을 구하다가 목숨을 잃고 만다.

루소가 아벨라르와 엘로이즈 사이의 『서신 교환』에 자신의 소설 구상을 선별적으로 접목시켰다면 그것은 『서신 교환』에서 전적으로 페미니즘적인 반향을 의도적으로 찾아내는 데 있다. 특히 엘로이즈가 아벨라르와의 결혼을 거부한 것이 그것인데 엘로이즈에게 결혼은 아벨라르의 동반자로서의 위상을 정신적으로나 사회적으로나 아내라는 굴욕적인 위상과 바꾸는 것이 된다. 열애라는 무아지경에 빠진 망상은 철학 전 단계의 히스테리로 상승하는데 그 히스테리로부터 정당한 이유를 대면서 '이성'이 반복해서 나타날 수 있다. 금욕은 이때 부담을 주는, 그래서 결핍-에로스를 상승시키는 규율이 되며, 섹스는 가장 도발적인 예외가 된다. 규칙을 넘어서면서 충만하게 체험된 성생활은 감각적으로 충족감을 주고 순결함과 사랑의 진실에 의해서—사회적으로는 아니더라도 도덕적으로—정당화된다. 소설의 상당량은 독자들의 영혼에 이상과 도덕적인 태도가 새겨지도록, 도덕적 분위기를 자아내도록 되어 있다.

초월화에 단초를 제공하면서 규율이 맡고 있는 거리 두기 역할에도 불구하고 예외가 이상으로 드높여진다. 후견인제-봉건제적 신분 간의 결혼은 근거를 들어 반박되고 이전의 자유로운 배우자 선택권은 새로운 형식으로, 그리고 새로운 정치적 조건 하에서 선포된다. 『쥘리 또는 신엘로이즈』는 루소에게 큰 인기를 가져다준 작품인데 이 작품은 이미—가정 살림에 있어서도—봉건지배제도가 시민적인 그리고 자유를 선포하는 혁명에 의해 교체될 것임을 시사한다. 루소는 이 혁명을 보지 못하고 혁명이 일어나기 11년 전에 사망한다.

또 다른 서간소설 『에밀과 소피 또는 고독자들』은 루소의 사후에 출간된 미완성 작품으로 에밀과 소피 이야기의 속편이다. 두 사람이 『에밀』의 끝부분에서 에밀의 스승의 비호 아래 이상적인 사랑의 결혼을 이루고 순탄하게 생활을 이어가기 시작하지만 젊은 소피가 부정을 저지른다. '알프스 산자락'의 성스런 시골마을에서 성장한 소피는 낭비와 사치의 도시 파리에서 간통 및 간음의 에로스에 걸려 넘어진다. 결혼 생활은 별것 아닌 연애사건 때문에 실패로 돌아가는데 에밀이 당한 모욕 때문이 아니라 소피의 양심의 가책 때문이다. 결혼은 파탄이 났지만 그럼에도 불구하고 외견상으로는 교훈적인 결말을 맺는다. 거리를 둔 채 스스로 별거를 택함으로써 사랑을 확보하는 형태로 말이다. 마지막에 가서 두 사람은 거의 자연상태인 어느 섬에서 다시 만나지만 또 셋이서 만난다. 그리고 이런 삼각관계는 오래가지 못한다. 소피가 양심의 가책으로 죽기 때문이다. 이 가책은 소피를 바로 거룩한 죽음으로 몰아넣는다.

루소는 언제나 다른 사람들, 특히 파리 사람들에게 교훈을 줄

줄 알았다. 제네바 출신인 루소는 파리 사람들을 타락했다고 여겼지만 그의 저술을 생각하면 고마운 독자 대중들이었다. 루소 자신은 그다지 도덕적이지 않다고 생각했으나 염두에 두고 있는 의지가 있었는데 그것은 무엇보다 생각하려는 의지였다. 충만된 사랑이 성취감을 준다 하더라도 루소는 머릿속에서의 사랑을 선호한다.

도덕의 성적인 폭력: 가해자-희생자 틀로 본 사드의 섹슈얼리티

도나시앵 알퐁스 프랑수아 드 사드(1740~1814)는 특히 극단주의적인 자유사상가로서 문학적으로 철학적으로 많은 작품을 생산해냈다. 성의 왜곡된 실천방식은 비단 그의 저술에만 국한되지 않는다. 사드는 성범죄 때문에 여러 차례 고발을 당했고 심지어 사형선고도 받았다. 그의 장모조차 고소하여 그를 경찰에 넘겼지만 자코뱅 당원인 사드는 혁명이 끝난 다음 장모와 장인의 목숨을 구했다. 감옥에서 유폐된 생활이 지속되자 그의 상상은 더욱 황량해지고 참혹해졌다.(『소돔의 120일』, 1785년부터 집필)

루소가 간절히 희구했으며 여전히 비교적 무해한 듯 보였던 에로스에 대한 갈망과 정열적인 환상을, 사드는 성적인 잔혹함을 수단으로 하여 바깥으로 내몬다. 거듭거듭 섹스는 예속 상태를 생산하는 에로스를 막기 위한 설사약으로 나타난다. 이러한 에로스의 개념은 인간에게서 폭군적이며—동시에 반대 진영으로서—노예적인 열정의 핵심에서 출발한다. 『규방 철학』(1795)에서는 꺼지지 않는 영혼의 열정을 가능한 한 평화롭게 만족시키려는 방법이 추구된다. 물론 여기서 애정이 묻어나는 그런 방식으로라는 말이 아니다. 오히려 그 반대이다.

쥐스틴과 쥘리에트의 이야기에서는 폭력이 극단으로까지 섹스화된다. 그리고 섹스는 참을 수 있는 한계를 넘어서까지 폭력화된다. 이 모든 경계의 초월에도 불구하고 이야기 속에는 '도덕'이라는 게 있는데, 이 도덕은 무조건 폭력적인 것은 아니다. 도덕의 굴레를 폭력적으로 폭파시키는 일은 동시에 굴종적 엄격함과 무자비함에서 드러나는 도덕의 폭력을 낱낱이 보여준다. 루소가 도덕적인 마조히즘, 여성에게 결국 치명적인 마조히즘을 보여주고 동시에 합리화시키는 반면 사드는 아름다운 영혼의 얼굴에서 가면을 벗겨버리고 전적으로 폭력적인 '본성'(충동의 본성, 우연의 본성, 사회적 상황의 본성)을 드러낸다.

루소와 마찬가지로 사드에게도 진실과 허위 그리고 이중도덕이 문제가 된다. 이것들은 에로스와 섹스를 음험한 방식으로 속박하는 것들이다. 루소는 진실을 말할 수 있다고 믿는 반면—물론 빈틈이 없는 것은 아니지만—사드는 그런 가능성에 대한 희망을 상실했다. 여기서는 대단한 고백문화가 시작되는 것이 아니라 두 개의 완전히 상반된 취급방식이 문제이다. 즉 사랑 속에서 '진실한 말'을 다루는 것과 진실에 대한 사랑을 위하여 사랑 속에서 '진실'을 다루는 법이 그것이다. 루소에게서는 쥘리와 생 프뢰가 설사 한 사람이 배반한다 할지라도 모든 것을 말하겠다고 약속한다. 진실이 최고의 가치이며 그것이 없으면 상대방에 대한 존경이 무너지게 된다.

이에 반해 사드의 『규방 철학』에서는 결코 진정한 사랑고백이 나오지 않으며 온순하지도, 전략적으로 은밀하지도 못하다. '자백'이라는 것은 오히려 이미 저지른 또는 상상된 잔혹함 및 비도덕의 대표 스토리인 것이다. 아주 특별하게 '정직'을 보이는 경우가 있는데 그것은 사춘기의 으제니가 음탕한 외설 행위와 철학에 대해 가르침을 받고 기겁을 한 어머니에게 상상으로나 가능한 외설적인 것과 끔찍한 것을 거침없이 털어놓는다. 사드는 이 허구의 이야기에서 모친살해라는, 터부 중 가장 큰 터부의 문제를 다룬다. 사드는 도덕가인 체하는 그리스도교인들을 경멸하며 그들을 사기꾼으로 여긴다. 자유연애에 대한 반자연적 범죄화는 바로 그리스도교인들 탓이다. 용익권用益權을 옹호함으로서 사드는 그리스도교적-아우구스티누스적 목록에 남아 있게 된다. 이 목록에는 결혼에 대한 평가에 있어 칸트도 들어간다.(부부관계에서 성폭행이 얼마 전까지도 유럽 여러 국가에서 처벌 대상이 아니었던 것은 바로 이 목록 덕분이다.) 사드는 거듭해서 연애상대와 섹스파트너 사이뿐만 아니라 성별 간에도 상호주의를 정착시키려고 하지만 이 상호주의는 결국 섹스를 누구나 임의처분할 수 있다는 굴레에 종속되어 있다.

이미 당시에 열렬한 예술 고발자들로부터 '너무 안 좋은'이라는 말 대신 '개똥같다'는 뜻의 '크로떼스끄crottesque'로 불린 그로테스크풍 문학은 이 『규방 철학』의 대화에서 포르노그라피와 철학과 연관된다. 이 세 장르는 상호 교류하는데, 어설프게 교양적인 의미에서 보면 추잡하면서도 거듭 논리적인 방식으로 소통한다. 이런 합리성 속에서 성교를 하고 짝을 맞추는 일이 가장 최고의 원칙이 된다. 이것은 여성에게도 남성에게도 해당된다. 명사 '성교Foutre', 동사 '성교하다se faire foutre'는 이미 사드보다 훨씬 오래전, 정확히 폭력으로 얼룩진 종교전쟁이 끝난 다음, 즉 17세기 초에 극단의 자유방종문학에서 대표적인 표식이었다. 이 간판 낱말들을 막기 위해 특히 도덕주의자들이 나섰고 여기에는 어느 관점에서 루소도 속하지만 루소는 이들로부터 비판을 받는다. 감응의 차원에서 보자면 이런 대표단어(기표)의 출현은 하나의 '승화업적'처럼 보인다. 이를 통해 '해방'(일제 사격이라는 의미에서도 폭발)이 섹스 생활에 전이된다.

폭력을 섹스화시키는 이런 기표들의 경우 단순히 충동에너지나 각기 다른 생식기 또는 그 대체물의 상호 보충만이 문제가 아니다. 그것은 부분으로 짝을 맞추는 공식, 즉 '구멍과 막대'라는 식으로 축소된다. 무엇보다 에로스 안에 채워질 수 없는 결핍이 문제이다. 이 결핍은 끊임없이 성적으로 제어되지 않으면, 사드의 경우, 상당히 절망적인 존재의 결핍으로 확대될 위험이 있다. 오로지 성적인 '채움과 비움'을 의식적-강제적으로 반복하는 것만이 이러한 환영의 결핍 에로스로부터 탈출구를 마련해준다. 결핍 에로스는 인간을 직접 범죄와 죽음에 내몰지는 않더라도 인간에게 고통을 준다.

쥐스틴은 그녀가 등장하는 모든 작품에서 착한 영혼을 내던지고 온갖 종류의 성폭력을 감내해야 하는데, 그것은 그녀 스스로는 손을 더럽혀서는 안 되기 때문이다.(더럽힐 수 없음은 물론 더럽히고자 하는 의지는 더더욱 안 된다.) 반면에 성관계가 복잡하고 양성적인 언니 쥘리는 살아남기 위해 어쩔 수 없이 폭력적인 투쟁 쪽으로 결단을 내린다. 여기서 살아남기란 영혼뿐만 아니라 육체에도 해당된다. 물론 이것은 급속히 파고드는 도덕적 부패를 대가로 치르게 된다. 물론 쥘리의 결단은 사드가 꼭 필요할 수밖에 없도록 설정한 폭력적 발단 상황이다. 동시에 이런 결정은 이미 부패의 최소기준을 전제로 한다. 악덕을 스스로 받아들임으로써만이 악덕에서 빠져나올 수 있는, 종결될 수 없는 상황의 악순환인 것이다. 『쥘리에트 이야기 또는 악덕의 장점』(약 1801)은 순결하고 그 때문에 더 자주 치욕을 당한 희생양 쥐스틴의 이야기에서보다도 더 생동감 있고 변화무쌍하게 진행된다.(『쥐스틴 또는 미덕의 불운』 1791, 『새로운 쥐스틴』 1797) 산전수전 다 겪은 쥘리는 남자들과는 물론 여자들과도 온갖 애정행각, 범죄행각을 두루 거친다. 이런 사건들 속에서—서로 허락이 없을 경우—쥘리는 더러 희생자가 되기도 하고 가해자가 되기도 한다. 이러한 육욕의 의지를 놓고 벌이는 게임에서 쥘리는 뒤랑이라는 여자를 만나는데 그녀는 대담함에 있어서 쥘리에게 눈곱만큼도 뒤지지 않는다. 둘은 사랑에 빠진다. 그러나 관계는 오래가지 못한다. 뒤랑이 죽기 때문이라고 하여튼 쥘리는 생각한다. 이야기의 끝 무렵에 뒤랑이 갑작스레 다시 나타나는데 바로 쥐스틴이—마침내—벼락에 맞아 죽는 순간에 등장한다.(자연이 가세해서 쥐스틴을 숙명으로부터 해방시킨다. 쥐스틴이 이 끔찍한 세상 한복판에서 가식과 도덕적 완고함 때문에 스스로 해결할 수 없었던 숙명이다.)

쥘리와 뒤랑은 그 후 환상적인 세월을 함께 보내고 베니스로 가서 창녀, 포주, 마녀 노릇을 하며 부자가 되어 가장 친절한 자유방탕아들과 자주 왕래한다. 뒤랑이 관청이 놓은 덫에 걸리기까지 그렇게 산다. 자신은 품행을 방정하게 하고자 했으나 이미 부정을 저지른 사람한테 그것은 치명적인 결점인 것이다.

사랑과 인생의 즐거움은 위험한 게임이 된다. 그러나 더 위험한 것은 도덕적 권리라고 착각하고 자신의 악덕 기질은 못 알아차리거나 은폐시키는 의인화된 순진성이다. 이것은 인간 본성에 대한 알레고리도, 그리스도교적 강제도덕이나 절대주의적 지배권력에 대한 알레고리도 아니다. 후자 즉 그리스도교와 절대주의는 전자, 즉 인간 본성을 억누르려 했다. 사드의 경우 에로스는 남녀 사이, 그리고 육욕과 폭력 사이에서 너무나 제한되어 있는 것으로 나타난다. 그래서 마치 폭발적인 동시에 의식화 되어 있는 섹스라는 역설에서만 극도로 미미한 여유공간을 얻는다. 짧은 로맨스가 있다면 그것은 두 여성 사이에서이다. 사회정치적 상황이나 본능적인 제한성은 있는 그대로이다. 즉 대충 진단해보자면 이 상황은 자유방탕아에게는 미화시켜서는 안 되고 과장을 시켜서 악용하거나 '영구적인 공화주의적 봉기'를 통해서 개혁해야 할 과제이다. 이 점에서 혁명가 사드는 심지어 트로츠키*를 선취하고 있다.

『쥘리에트 이야기』의 마지막 부분에서 나타나는 낭만주의의 조짐은 아무도 더 이상 '선한 것'을 믿지 않기 때문에 더더욱 놀랍게도 반도덕적이고 언제나 폭력으로 점철된 쥘리의 모험에서 생겨난다. 이런 낭만주의적 방향 전환은 이제 시작된 로맨스가 목가적 생활의 추구가 아닌, 즉 당연히 이중도덕적인 것이 아니라 바로 이 이

* 레오 트로츠키(1879~1940). 러시아 혁명가로 『프라우다』를 간행했으며 적군파(Rote Armee)를 창설했다.

중도덕에 맞서 싸운다는 점에서 미래지향적이라고 볼 수 있다. 쥘리와 뒤랑은 모든 기대와 주변 여건과는 상반되게 기쁨, 사랑, 타인에 대한 염려 같은 '착한 중심'을 유지한 반면, 누가 봐도 착하고 정의로운 쥐스틴에게는 타인에 대한 사랑을 위해 필수적인 자기애(루소의 "아모르 프로프르amoure propre")조차도 감당할 능력이 안 될 정도로 완전히 짓뭉개졌다.—어쩌면 진정한 고백이 없이 도덕적 선이라는 굳은 가면 뒤에는 '착한 씨'가 언제나 짓뭉개져 있었는지 모른다.

수도원과 규방 사이

라블레, 보카치오 또는 아레티노 같은 르네상스 작가들의 전통에서 수도원은 성적 철학적 방종의 반목가주의를 문학적으로 연출하기에 물신처럼 선호한 무대였다. 생각할 수 있는 것, 할 수 있는 것, 미학적 윤리적으로 허용 가능한 것의 경계들이 샅샅이 계산되고 체계적으로 넘어선다. 수도원의 폐쇄성이 부여할 수 있는 하나의 연습이다. 어쨌든 자유방종은 종교재판으로 더욱 엄격해진 그리스도교에 대한 반작용으로, 종교개혁 과정에서 자유방종의 급진화는 에로스의 해방 또는 에로스에 의한 해방, 에로스에 대한 새로운 열망으로 이해해야 한다. 자유방종은 분노에 차서 기를 쓰고 안 된다며 거부될 게 아니라 이렇게 이해되어야 한다.

"마음 놓고 사랑 받을 수 없는 혁명은 우리의 혁명이 아니다." 로

자 룩셈부르크에서 빌린 이 모토는—가정이지만—수많은 프랑스 혁명의 선구자들과 훗날 혁명의 지지자들의 모토일 수도 있을 것이다. 혁명은 에로스를 파괴하는 무시무시한 권력으로 귀결되긴 했지만 정치적이고 도덕적인 유럽 교회의 패권에 가장 심하고 특히 구조적으로 지속적인 타격을 가하게 된다. 이러한 세속화의 지속성과 민주화는—전적으로 양가적으로—그때까지 상류층의 인본주의적 가치가 계몽주의적인 사고전략 및 행동전략으로 전환되지 않았다면 전혀 불가능했을 것이다. 세월이 흐름에 따라 규방이 제2의 장소로서(지혜에 대한 사랑의 장소로, 사랑의 지혜를 위한 장소로) 조롱거리가 된(실제 금욕과 고행의 장소로, 문학에서는 조롱거리가 된 금욕의 장소로서의) 수도원을 대신한다. 철학적 규방과 살롱은 물론 철학적 문학 또는 도덕적 연극의 교화적 교육 기관이 계몽주의라는 포괄적 세계에 속한다. 도덕주의자적인 동기 부여를 받은 교육자들뿐만 아니라 자유방탕아들도 이 세계에 속해 있다. 그 안에서 에로스는 신체적인 물신으로서의 섹스와 낭만주의적 히스테리 사이에 때로 엄청난 속박을 받는다.

이러한 속박은 당시에 드러나고 있던 사도마조히즘(가학-피학성애)의 심리학적 토대로 보인다. 사도마조히즘에는 '시민적' 애정결혼의 불가능성이 표현되는데, 이 결혼은 섹스를 갈망하는 육체를 혐오하는 그리스도교의 유산에 의해 상당한 부담을 안고 있다. 에로스는 바로 결혼 생활의 일상 뒤로 사라져버릴 수 있다고 약속하기 때문에 더욱 빛을 발할 수 있는 것으로 보인다. 마치 혁명으로 통제된 독자들의 관음증이 금지된 성교의 원초적 장면에 일정 기간 자리를 잡은 것 같다. 성교 행위는 생식이라는 의미에서 종種에 맞게 사는 바로 그 사람들을 자극시켜야 한다. 즉 용감하고 착한 중간계급(제3신분)의 가장들과 정숙한 어머니들을 말이다.

에로스 철학은 사드의 철학 포르노를 지배하는 음란한 폭력과 죽음의 훈련이라는 사고방식보다도 이런 중간 계급의 기질에 맞춰짐으로써 훨씬 더 수난을 당한다. 에로스 철학은—응색하게도—'에로틱한' 문학의 교화적이며 과장된 상대역을 맡고 있는데, 오늘날 이 문학은 무척이나 읽어내기 힘들다.

계몽주의의 '순수한' 결말: 비상구 에로스

루소가 전적으로 불균형적이고 상호보완적인 성 질서 내에 에로스의 자리를 마련해주었다고 한다면, 여러 면에서 루소를 따르고 있는 칸트(1724~1804)의 철학은 에로스에 대해 아주 인색한 입장을 취한다. 철학은 미학의 일환으로 에로스 테마를 부차적으로만 다룬다. 이기적 성향의 특정한 방식으로서 에로스는 좋은(선한) 것을 약속하지 못하고 순수한 철학의 실천을 위해 필요한 정서의 안정을 방해한다. 어쨌든 칸트에 의해서 에로스는 목가적이지 않지만 전부 나쁜 것은 아닌 것으로 취급된다. 성교는—언급한 바와 같이—전적으로 아우구스티누스적이고 부부의 권리로 '서로 즐기기'의 의미에서만 이해되어 이것이 칸트의 철학체계에서 윤리학의 정언명령에 위배되는 것으로 나타난다. 즉 인간을 수단으로 대하지 말고 목적으로 대하라는 정언명령 말이다.(칸트 자신은 결혼을 하지 않았다.)

이런 의미에서 섹슈얼리티를 (그리고 아직은 몽테뉴의 경우처럼) 철학적-지성적 목적 공동체로서의 아리스토텔레스적 우애 또는 아름다움에 대한 추구와 합치시킬 수 있는 에로스는 칸트에게서 더 이상 또는 아직은 나타나지 않는다. 법적 상황과 당대 지배적인 도덕을 볼 때 칸트의 시각은 현실적이기는 하지만 역시 매우 관습적이었다. 칸트에게 에로스는 철학적 인류학적 탐구의 핵심 대상이 아니었다.

제7장

낭만주의 말기: 19세기의 에로스 철학

미셸 푸코(1926~1984)에 앞서 이미 노베르트 엘리아스(1939)는 특히 프로이트와 포크스를 이어받아 근대화 과정이 어느 정도까지 훈육적 규제와 강압의 내면화 과정과 얽혀 있는가를 역사적-사회과학적으로 보여주려고 했다. 도덕적 엄격함과 내면화의 도덕은 아예 처음부터 처벌이나 속죄가 생겨날 수 없도록 작용했다. 죄악으로 가득한 육신과 육체적 향락에 대한 생각, 즉 의식적인 정욕에 대한 생각은 절대로 품어선 안 되는 것이었고 투명한 정신을 필요로 하는 사랑의 도덕 속에서도 그런 생각은 아예 품어서도 안 되었다.

19세기가 문학에서 사랑을 낭만적으로 꾸미고 묘사하면서 점점 더 장황해진 반면, 철학은 이 문제에 관해서 더 빈약해지고 덜 환상적이었다. 충동, 욕망, 육욕과 사랑 사이의 관계가 새로이 협상된다. 이 협상은 더 이상 그리스도교 도덕의 꽉 막힌 틀이 아니라 특히 독일어권과 영국, 프랑스에서 극히 보수적인 민법과 초창기 근대 인류학의 틈새에 자리 잡게 된다. 이 '인간에 관한 과학'은 인간 현존의 정신적이고 문화적인 양상들을 더 이상 철학적이고 사변적인 방식으로만 다루지 않고 경험적이고 비교하는 방식으로 그리고 발전하고 있는 자연과학 연구의 관점에서 '생물체'로서의 인간을 다룬다.

쇼펜하우어는 이와 관련하여 생뚱맞으면서도 큰 영향력을 행사한 저서를 내놓는다. 『성애의 형이상학』(1844)이 그것이다. 이 책에서 쇼펜하우어는 인간은 상대를 선택하는 데 있어서 오로지 숨어 있는 "종족의 의지Gattungswille"에 의해서만 움직인다고 주장한다. 이 "종족의 의지"는 모든 인간으로 하여금 생물학적으로 가장 최선의 생식을 하도록 한다. 여기서 에로스는 왜곡을 일으키는 망상, 허상에 불과하다는 것

> 이다. 쇼펜하우어가 니체뿐만 아니라 프로이트에게 끼친 영향은 특히 사랑의 연구에서 새로운, 전적으로 반종교적 접근방식에서 두드러진다. 이 방법과 연관 지어 프로이트는 자신의 '메타심리학'과 더불어 임상실험에 근거한, 그리고 개념체계상 훨씬 더 일관성 있는 '충동 이론'을 발전시켰다.

사랑의 (비)본질에 관한 담론들

물론 정도는 판이하게 다르고 각 사람들의 성향에 따라 다르지만 억제된 욕망의 내면화는 결코 개신교 신자들에게만 해당되는 것이 아니라 근대화의 모든 주체들에게도 해당된다. 철학사적 관점에서 물론 이 사실은 딱히 인식을 촉진시키지는 않는다. 만약 모든 시대사조가 절대적으로 그때그때 적합한 인식 패러다임 또는 지식 패러다임(「인식」, 푸코 1971)으로 설명된다면 말이다. 이러한 인식론 및 지식 이론을 부분적으로 왜곡시키는 영향을 도외시하면, 욕망의 내면화는 다양하고 복합적인 사고의 역사가(어쩌면 모든 역사까지도) 몇몇 지배적인 지식의 매개변수로 축소되거나 '말하고 알고 행위하기 Redenwissentun'로 구상된 '담론'의 매개변수로 축소시킬 수 있다는 잘못된 인상을 불러일으킨다.

그럼에도 불구하고 이 입문서는 일반화를 전혀 배제할 수 없다. 19세기 문학에서 '낭만적 사랑'이 정점을 향해 치닫는 동안, 에로스 철학은 서서히 물리적 극단과 합리적 극단으로 분열되어 몰락의 길을 가는 것처럼 보인다. 후기 계몽주의 철학의 에로스에 대한 관심은 자유방종의 선구자와 개척자들의 자유로운 사고로부터 성적

방종을 합리적으로 추출해내려는 엄청난 시도에 묻혀버렸다. 이로써 자유는 오히려 이념적 사안으로, 단지 윤리적-정치적으로 중요한 사안, 모든 육체적 감각성으로부터 정화되었을 사안으로 요구될 수 있었다.

루소에서 시작해서 칸트와 독일관념주의를 거쳐 쇼펜하우어에 이르는 남성 중심의 철학 주류에서는 딱히 '다른' 성은 투사적인 책임전가 행위를 할 때를 제외하고는 별로 설 자리가 없다. 즉 자신의 성의 경우에 참아낼 수 없고 이로써 지각할 수도 없는 그런 것을 '다른' 성에 떠넘기고 타파하려는 행위가 그것이다. 충분히 논란이 된 여성 비하, 특히 철학하는 여성에 대한 비하에는 모든 철학적 논쟁의 진지성이 결여되어 있다. 그래서 이런 종류의 여성 비하에 반대하는 크리스틴 드 피장의 정당한 주장은 특히 에로스 이론의 맥락에서 시의성이 있다. 에로스는 철학의 올림포스 산에서 한결같이 남성에 의해 남성적으로 연출되며 거기서 여성은 여성성이 투사된 이미지를 넘어 길들여진 하나의 단일체로 집결된다. 에로스는 '다른' 성, '아름다운' 성 또는 '가련한' 성 등으로 소멸되거나—이 성에 에로스가 혼인법적으로 정착된 규범이라는 의미에서 철학적으로도 구속되어 있는데—쇼펜하우어에게서처럼 이상주의적으로 절대화된 종족의 속성Gattungsnatur으로 메타-물리적meta-physische, 즉 형이상학적 목록에 편입된다.

쇼펜하우어의 생물학적 에로스학

헤겔은 『정신 현상학』(1807)에서 소포클레스의 안티고네와, 살해되었으나 매장되지 못한 그녀의 오빠 폴리네이케스 사이의 승화된 근친상간 욕망에 대한 이론을 펴기 전에 육체적 욕망을 보편적인 인류학의 형태로 고찰한다. 에로스에 대해서 개념변증법적으로 거론하지 않고, 열애상태라는 의미의 사랑에 대해서도 거론하지 않는다. 그 때문에 쇼펜하우어는 헤겔의 라이벌로는 별로 성공하지 못했지만 '성애'의 영역을 온전히 그 자체로 요구하는 데 무리 없이 성공한다. 이 책에서 개략적으로 소개한 바와 같이 쇼펜하우어가 에로스 철학을 무시하는 방식, 즉—플라톤의 부자연스러운 동성애적 에로스 철학을 제외하고—철학사에서 사랑을 주제로 삼을 만한 것은 아무것도 없다는 주장은 스스로를 옹호하는 것인 동시에 스스로에게 대립하는 것이다.

『성애의 형이상학』(1844)과 더불어 쇼펜하우어는 오로지 종족을 위한, 즉 번식을 위해 존재하는 '사랑' 이론을 제시한다. 쇼펜하우어의 인류학과 세계관에서는 은폐된 종족의 의지(아버지에 대해서)와 부차적 지성(어머니에 대해서)이 각자의 개체에서 자신의 길을 개척하는데, 여기서 쇼펜하우어는 의지의 개념을 어떤 잠재적이고 무의식적이며 익명의 동인動因으로 단호하게 축소시킨다. 그런 개념으로서의 종의 의지는 모든 인간의(결국에는 동물도) 존재의 동기, 목표, 원칙이 된다.

쇼펜하우어의 철학에서 여자들은 별다른 설명 없이 남자/인간과 어린이 사이에 있는 미성숙한 존재로 취급되긴 하지만 여자들에게서도, 그녀들의 야성적인 애정몰이 속에서 결국 인간의 종의 본성에 대해 모든 것을 다스리는 의지가 표현된다고 한다. 왜곡되어 보이는 이 구상에서 쇼펜하우어가 제도화된 도덕을 전적으로 몰아내고자 한다는 점에서 계몽주의적인 면모가 보인다. 쇼펜하우어의 『성애의 형이상학』 속에 성도덕이 전혀 없다는 말은 아니다. 잠재적이면서 때로 명백한 성도덕과 사랑도덕은 여성에 적대적이면서 동성애 공포적이기도 하다. 그러나 쇼펜하우어는 도덕적, 인습적 편견을 넘어서서 '사안'을 아리스토텔레스에 의거하여 철학적으로, 즉 가능한 선입견 없이 고찰하는 데 성공한다. 쇼펜하우어가 자신만의 형이상학에 투입시키는 생물학적 물리주의 역시 아리스토텔레스, 정확히 말하자면 아리스토텔레스의 번식 이론에 의거하고 있다. 쇼펜하우어는 이 번식 이론을—신중하다기보다는 아마추어적으로—그 사이 이미 시대에 뒤진 당대의 인간 생물학적이고 동물학적인 연구에서 사례를 들고 옛 애정문학과 당대의 애정문학에서 그리고 자신의 체험에서 예를 들어 설명하고 있다.

개인의 관심과는 대체로 상반된 '종족의 의지'가 사랑에서 표현된다면, 그것은 애인들이 성적으로 합일하는 것이 오로지 합일에서 생겨나는 아이의 출현, 즉 다음 세대의 개체의 실현을 위해 노력한다는 뜻이다. '그 남성' 및 그 남성이 종사하고 있는 자연은 이 합일을 의도적으로 실천한다.(자연에서는 알려진 바와 같이 '무의식적으로' 행동한다.) 사랑에 빠진 인간들은 심지어 어떤 광기에 얽혀 있는데, 그 광기란 인간들이 걷잡을 수 없는 열렬한 애정을 그들 스스로를 위한 사건으로 해석하는 데 있다는 것이다. 인간들이 자신의 행위 속에서 오로지 이용하기만 하는 그 자연의 행위를 제대로 이해하지 못하기 때문이다. 여기에 특별한 영향력을 지니는 두 개의 철학적 토포스가 등장한다. 그 하나는 플라톤의 마니아, 즉 광기로서 쇼펜하우어는 이것을 전혀 새롭게 해석한다. 다른 하나는 오해의 토포스로서 헤겔은 정반대의 방식으로 이것을 소외의 개념으로 풀어낸다. 『정신 현상학』에서 헤겔은 이 현상을 "교육"으로 설명하는데, 이 교육으로 인간은 자신의 행위를 알아보지 못하고 그것을 자신의 외적인 형상으로 숭배한다.(포이어바흐, 마르크스와 니체는 이것을 자신들의 가차 없는 종교비판의 출발점으로 삼게 된다.)

흥미로운 점은 쇼펜하우어가 이 오해 효과를 열애상태의 영역에 둠으로써 프로이트의 착각 이론뿐만 아니라 전위 및 투사의 이론에 대한 초석을 놓았다는 사실이다. 쇼펜하우어는 '사랑의 착각'을 다음과 같이 설명한다. 사랑하는 사람들은 오로지 그들이 개체로서 완전히 넘어서는—불멸의 종이라는 의미에서 행위하기 때문에 서로 비현실적인 방식으로 서로 소중하며 숭배할 가치가 있다고 여긴다는 것이다.(번식을 통해서 필멸자인 인간은 불멸에 참여하고 있다고 아리스토텔레스는 말한다.) 인간이 부지불식간에 수행해야 할 이 엄청난 과제로 인해서만이 어째서 생식충동이 만족스럽게 끝난 다음, 또는 생식에 성공한 다음에 사랑이 마치 고무풍선에서 바람 빠지듯 무력해지는지 설명된다고 한다. 일단 목적이 충족되면 종은 열애를 더 이상 필요로 하지 않는다. 여성은 남성과 다른 생식리듬을 갖고 있기 때문에 여성의 경우에는 그 사랑이 오래 지속된다. 보다 덜 생물학적이면서 사랑의 광기를 심리학적 양상으로 설명하는 것은 차후 프로이트가 플라톤에 접목시킨 나르시시즘적 상상쾌감이론으로 가능해진다.

그러나 쇼펜하우어의 경우 극히 운 좋은 경우에만 종의 판단기준에 따라 사랑하는 두 사람의 '적절한'(육체적, 정신적) 결합이 우정으로의 전이를 실현하기 위해 그들의 개인적 성격과 관심사와 맞대면하게 될 것이다. 형이상학적 정초는 그러나 단지 사랑의 정초만이 아니라(일차적으로는 더더욱 아닐 것이다), 개인적 실존의 정초이다. 쇼펜하우어는 최소한 현존의 차원에서 이 실존의 의미를 부인한다.

만약 우리가 미래의 개인으로 눈을 돌리면—그 개인의 의지를 위해 열렬한 연애의 광적 세계가 연출되는데 그렇게 되면 기다렸던 아이가 마치 구세주처럼 강림절 같은 물리주의적 형이상학의 한가운데 나타난다.(쇼펜하우어는 이러한 모순을 잘 알고 있었으며 모든 물리주의는 그 정초에 있어서 형이상학적이어야 한다는 사실을 주장했다.) 부모들이 서로 사랑하지도 않고, 심지어 증오하더라도, 엄마가 아이를 증오하고 아버지가 가정을 버리더라도, 자연은 이 둘을 아이에게로 돌려놓고 단지 생물학적으로 부모 자격을 갖는 연인들을 그들의 바람과 고통과 더불어 무의미 속으로 침전시켜버린다. 미래의 신생아는 열애 상태에서 무의식적으로 선취된 것이며 그래서 연인들이 미래의 자식 주위를 마치 나방이 불빛을 싸고 모여들듯 싸고돈다. 이 빛 속에서 종족의 후예가 빛을 발해야 하는 것이다.

이 이론이 쇼펜하우어 자신과 그의 실존적 자기 확신, 그의 어머니에 의한 개인적 중요성의 곡해와 어느 정도까지 관련이 있는가 하는 것은 우리의 추측에 달려 있다. 그럼에도 불구하고 투사적 경향은 여기서 가장 명백해지는데, 철학자들은 자신의 '순수한' 사고를 위협하는 충동성을 에로스 또는 다른 성의 대표자로서의 여성에게 밀어 넣는 경향이 그것이다. 그렇게 해서 철학자들은 자신들의 충동성을 상대에게서 극복하려고 하거나 이해하려고 노력한다.(이것만으로도 경이로운 철학적 진보이다.)

쇼펜하우어와 니체를 넘어 프로이트로

쇼펜하우어의 저술이 간혹 이상한 '증거를 제시함'에도 불구하고 우리에게 흥미로운 것은 어떤 이유에서인가? 그것은 특히 프로이트가 관심 있게 다룬, 모든 열애감정이 뿌리를 내리고 있으며 그 충동에 이성으로는 쉽게 맞설 수 없거나, 아예 맞설 수 없다는 성 충동의 '무의식적' 힘 때문이다. 성애와 삶의 애착이 인간에게 가장 막강한 충동자극이라고 한다면, 자신의 자유를 지키는 유일한 방법은 삶에의 무의지, 즉 생존하려는 의지로부터의 자유를 통해 이러한 의지로부터 벗어나는 것이다. 여기에 쇼펜하우어의 불교적 색채가 엿보이는데, 이런 맥락에서 그는 니르바나(열반)를 거론한다. 이것은 프로이트가 정확히 100년 뒤에(1920) 자신의 충동 이론을 확장하기 위해 바바라 로우*에게서 차용하여 '니르바나 원칙'이라고 부른 것이다.

* 1877~1955. 영국의 정신분석가. '열반 원칙'이란 개념을 최초로 사용했다.

다소 단편적으로 흩어진 니체의 에로스 이론은 프로이트와 그의 충동 이론 개발에 적지 않은 영향을 끼쳤다. 니체의 비판적 에로스 철학에 관해서는 바바라 스밋맨스-바이다가 네 가지로 구분한 바 있다. 도취(마니아)로서 사랑을 설명하는 관점, 사랑을 소유욕으로 이해하는 관점, 사랑을 자기이상화로 이해하는 관점, 그리고 마지막으로 니체에게 있어서는 모순된 애정결혼을 비판하는 관점이다.(스밋맨스-바이다 1999) 자유정신과 마찬가지로 사랑은 제도로서의 결혼에 모순된다. 제도는 사랑이나 자유사상에 어떤 여유 공간도 주지 않는다. 그래서 근대의 결혼이 전혀 의미 없게 된다. 남성적 사유방식을 갖고 있는 철학자에게는 더더욱 의미가 없다. 일반적으로 철학자는 결혼하지 않고, 그래서 스스로 그리스도교의 무모한 비판가인 니체조차도 그리스도교의 이상적 학자상 얘기를 다시 꺼내는 것이다. 여성은 부부생활에서 자유사상가는 아니지만 『인간적인, 너무나 인간적인』(1878)에서 조소적으로 언급하듯이 어쨌든 '자발적인' 희생양이다.

쇼펜하우어의 입장에서는—니체가 그의 순진성을 폭로한 방식대로라면—모든 형이상학에서 그렇듯이 불가해한 육체-영혼 현상을 오로지 유일한 원칙("물 자체", "플라톤의 이데아")으로 환원시킨다. 니체는 이와 관련하여 "배후세계론자"('메타meta' 란 '후에', '뒤에'라는 뜻도 있다)의 형이상학을 거론하기도 한다.** 이와 같은 좀 악의적인 명칭은 칸트적 의미에서 이중으로 모호한 『성애의 형이상학』에 딱 들어

** 『차라투스트라는 이렇게 말했다』에서 논했다.

맞는다. 이런 형이상학은 세계와 삶에 내재적인 것을 초월적, 즉 경험을 넘어서는 원칙으로 설명하려고 시도한다. 뿐만 아니라 이와 반대로—절대 초월적(메타) 권력을 내세우는 자연계(물리계physis)를 완전히 현세적인 개념, 즉 종의 번식을 위한 자연의 의지 같은 개념으로 전환시킨다.

니체는 복합적이고 궁극적으로는 불가해한 현상성(인간의 움직임만의 현상성이 아닌)을 어떤 체계를 통해서 차단하는 것을 거부한다. 그렇게 해서 니체는 그 현상성을 밝혀낼 수 있는 개념의 범위를 확장한다. 이것은 의식적으로 단편적인 모순성이라는 대가를 치르고 실현되지만, 가능한 모든 방향을 향해서 고대의 승화 토포스를 독창적으로 시의성 있게 만든다. 그래서 『즐거운 학문』(1882)에서 니체는 쾌락이 없는 일을 억지로 하느니 차라리 죽고 싶어하는 많은 인간들에게서 일에 대한 쾌락이 최고의 우선순위라고 서술하였다. 니체는 플라톤의 에로스 이론을 인식에 대한 사랑과 철학이 승화된 성충동이라고 보는 이론이라고 당당히 명명한다. 승화는 억압이 아니라 그 반대이다. 그래서 니체는 『차라투스트라는 이렇게 말했다』(1885)에서 전적으로 소크라테스적인 의미에서 리시아스에 반대해서 육체적 정욕을 피하고 육체를 멸시하는 평온한 그리스도교인들의 "순결한(동정녀 같은) 인식"을 조롱한다. 이 그리스도교인들은 정욕을 피하고 육체를 멸시하는데 육체의 정욕과 갈망이 없이는 아무것도 경험할 수도, 인식할 수도 없을 것 아닌가.

그래서 니체는 쇼펜하우어에 대해 날카로운 비판을 하면서도 쇼펜하우어의 의지의 철학에서 몇 가지를 수용한다. 예를 들면 "권력에의 의지"를 일종의 최고 심급이라고 강조하는데 이것은 열애감정 속에서 가장 강하게 실현된다는 것이다. 니체는 또한 쇼펜하우어에 의해 설정된 성의 불균형도 계승한다. 여기서 니체는 여성의 지적능력을 남성들의 강한 추진력과 더불어 남성들의 정서에 대비시킨다. 이러한 추진력이 비로소 남성들의 소극적인 지적능력을 여성들의 능력보다 월등하게 만드는 것이다.

곧 보게 되겠지만 프로이트의 승화 이론은 니체의 이론보다 더 체계화되었다. 거기에 포함된 성별 특유의 선입견을 프로이트는 열 두 살 많은 '선배'와 공유한다. 두 사람은 서로를 알지는 못했지만 둘 다 아는 '여자'가 있었다. 니체의 오랜 여자 친구이며 열렬한 서신 파트너인 루 안드레아스-살로메는 『에로틱』(1910)에서 관련 논문들을 썼으며, 『심리 섹슈얼리티』(1917)라는 논문을 한 편 썼다. 루 안드레아스-살로메는 프로이트의 제자였다. 그녀의 심리섹스 이론은 비교적 단순하게 해부학적인 성별 차이에서 따온 것이다. 프로이트에 따르면 남성과 여성의 성기 그리고 배설 과정은 특유의 에로스적 환상을 불러일으키는데 이 환상은 갈망의 경제성과 승고화의 경제성을 구조화시킨다. 그래서 일종의 육체형이상학 속에서 남성의 사정은 투사(즉 기투)로 위치시킨다. 반면 여성은 생물학적 의미에서 뿐만 아니라 포괄적인 은유적 의미에서 수태를 기다린다. 이런 식의 '형이상학'은 20세기 후반기까지 거듭 만나게 되는데 바로 엠마누엘 레비나스*에게서이다. 레비나스는 이 형이상학을 '에로

* 1905~1995. 유대계 프랑스 철학자, 작가.

스의 현상학'(레비나스 1987)이라고 제목을 붙인 장에서 다룬다.

프로이트에게서도 마찬가지이다. 프로이트는 감정의 경제성을 고려한 성별위계질서로 시작한다. 그에 따르면 여성들은 보다 적은 충동에너지(쇼펜하우어의 용어로는 의지력)로 무장되어 있으며 그 때문에 승화능력이 더 적다. 어쨌든 프로이트는 이 생각을 상대화시키는데 어쩌면 프로이트의 최초의 여성환자 안나 오(본명은 베르타 파펜하임)*의 페미니스트적 태도에 영향을 받은 것인지도 모른다. 그녀와 더불어 프로이트는 (아리스토텔레스의 시학에서의 정념 이론에 의거하여) "승화적"이라고 명명된 방법을 발전시켰는데 이 방법을 그는 후에 "정신분석적"이라고 명명하게 된다. 이렇게 해서 프로이트는 문화적인 성별 제약을 근거로 소녀들이 소년들보다 훨씬 더 일찍, 훨씬 더 심하게 자신들이 가장 관심 있는 것에 대해 신경을 쓰지 못하게 만든다는 사실을 인정한다. 즉 성적인 것과 에로틱한 것에 몰두하는 것, 바로 그 때문에 소녀들의 리비도적 관심에서 시작되는 앎의 욕구와 승화능력이 사내아이들보다 훨씬 더 제재를 받고 여자아이들은 그 능력들이 주로 여성에 의해 발달된 히스테리의 비뚤어진 길로 들어서게 된다. 『섹스 이론에 관한 세 편의 논문』(1905)에서 프로이트는 심지어 심리적 성차이가 대체 정확히 어디에 위치하고 있는지 결정할 수 없다고 할 정도로 상대화시킨다. 왜냐하면 적극적-남성적, 소극적-여성적이라는 기본적인 대조가 성립되지 않기 때문이다.

* 1859~1936. 오스트리아의 여권운동가.

제8장

근대의 에로스와 타나토스: 프로이트의 충동 이론

프로이트는 사랑과 섹슈얼리티에 대해 개념체계적으로, 임상적 근거를 토대로 명백하게 문제를 제기하면서 메타심리학적 에로스 이론으로 새로운 세계를 열었다. 프시케는 최종적으로 정의를 내릴 수 없는 영역이다. 프로이트는 이 프시케를 형이상학적 관점과 메타심리학적 관점, 그리고 물리주의적 관점에서도 고찰하였다. 이따금 나타나는 개념상의 모순과 부분적으로 무모한 가설 설정 등에도 불구하고 프로이트는 프시케의 개념과 에로스의 개념을 경이로운 방식으로 확장하고 심화시켰다.

프로이트가 세운 정신분석학적 충동 이론은 보편적인 성 이론과 리비도 이론에서 출발해서 대단히 광범위하게 확장된 에로스의 개념을 거쳐 변증법적 충동 개념으로 이어졌다. 이 충동 개념은 에로스로 지칭된 쾌감快感의 원칙의 표현으로서의 삶 충동, 불쾌의 원칙을 표방하는 죽음충동, 즉 이중으로 해석된 '타나토스'로 갈라진다. 이와 관련하여 에로스와 타나토스가 개념성에서 서로 얽힌 대척점으로 이해된다는 점에서 충동의 변증법적 이해를 나타낸다고 볼 수 있다. 이 대척점들의 갈등에서 자아는 항상 새로운 모습으로 나타난다. 지속적이면서 정신적 육체적으로 견뎌낼 수 없는 두 상반되는 원칙의 와해는 실질적인 죽음을 의미한다. 두 원칙이 얽혀 있는 한 이들은 삶에서 영혼과 더불어 피할 수 없는 심리적 갈등을 겪게 된다. 이는 육체와의 관계에서도 마찬가지다. 에로스가 인간적이며 인간에 부합한 것이라면 그것은 육체와 영혼에 동시에 맞춰져 있다는 것이다. 에로스 철학이 진정 현실적이고 인간에게 부합한 것이라면 이 철학이 갈등을 인정하고 통합시켜야 한다. 이것을 프로이트는 정신분석을 통해 보여주었다.

섹슈얼리티, 리비도, 에로스 그리고 무의식의 발견

19세기 말 프로이트는 이미 유아에게서 성충동을 발견할 수 있다고 함으로써 빈 대학의 보수적인 교수사회에서 '비호감 인물'이 된다. 게다가 프로이트는 유혹 이론까지 제시했다. 이 이론은 아버지나 다른 남성 친척들 또는 친지들로부터 유혹을 받아 성폭행을 당했다고 주장하는 여성 분석대상자들의 순수한 기억으로부터 시작된 것이다.(당시에는 소아성애나 근친상간적인 폭행에 의한 남성 희생자들에 대해서는 아직 언급되지 않았다.) 프로이트는 나중에 이런 기억의 허구적 요소를 도입하는 이론을 만들기 위해 지나치게 '현실적인' 이 이론을 배격한다. 프로이트는 새 이론에서 소녀들의 즐거운 '환상', 그러나 금지되고 억압된 '환상'에서 출발한다. 즉 아버지 또는 일종의 아버지 대체 인물이 소녀를 갖고 싶어 유혹한다는 그런 환상이다.

그 당시 대단한 사회적 물의를 일으킨 이 이론들은 프로이트가 소포클레스의 희곡 『오이디푸스』에 의거하여 1910년부터 비로소 "오이디푸스 콤플렉스"라고 명명한 그 내용에 뿌리를 두고 있다.(프로이트 1910a, 73) 약 4, 5세경에 시작되는 이 콤플렉스는 모든 인간이 겪어야 하는 심리적 애정 드라마를 나타낸다. 그것은 '정상적인 오이디푸스'라는 의미에서 남자 아이가 어머니를 사랑하고(즉 애정의 대상으로 삼고) 자신과 동일시하는 아버지와는 라이벌 관계가 된다. 여자 아이는 반대의 과정을 겪는데, 최초의 애정의 대상인 어머니로부터 분리된 후에 아버지를 애정의 대상으로 삼고 어머니와 라이벌 관계가 된다.

프로이트가 희곡 속에서 강한 인상을 받은 바와 상반된 오이디푸스는 남자 아이가 어머니(또는 어머니의 부분들)와도 자신을 일치시킨다. 즉 어머니와도 라이벌 관계가 된다. 그러면서 아버지를 애정의 대상으로 만드는데 반대로 여자 아이는 어머니를 애정의 대상으로서 완전히 포기하지 않고 어느 정도 유지한다. 이 모순된 오이디푸스가 한 인간에게 지나치게 나타나면 그의 에로스는 동성애적 경향을 띤다. 제도화된 규범과 성행위 시에 생식에 대한 요구라는 의미에서 '정상적인 오이디푸스'가 더 우세하면, 에로스는 다른 성으로 기운다. 그러나 이 에로스가 나르시스적으로 강하면 사랑의 대상과 동일시 대상이 겹쳐져서 동시에 양성애적 에로스를 갖게 된다. 양성이면서 양성이고자 하는 것, 그것은 실현하기 어렵다. 프로이트는 이에 관한 이론에서 동시대인인 마그누스 히르쉬펠트*로부터 단초를 얻는다. 히르쉬펠트는 너무나 광대한 "성의 중간 단계" 영역을 설정한다. 이 중간 단계들은 프로이트에게는 심리섹스적 의미에서 남성적 존재나 여성적 존재를 구별할 수 없게 만든다.

만약 어머니와 아버지가 이미 혼합적이고 매우 상반된 성별 유형을 나타낸다면 양극적 성별질서는 아이의 프시케에서 그리고 이후에는 어른의 프시케에서 해체의 경향을 띠게 된다. 그런데 여기서 착각Verkennung이나 해부학적 사회적 성별 차이의 억압과 혼동하지 말아야 한다. 에로스의 해체와는 더더욱 혼동하면 안 된다.

근친상간 터부와 이에 기초하는 문화적 성도덕은 아이로 하여금

* 1868~1935. 독일 의사, 섹스연구가, 초기 동성애운동의 창설자.

이러한 사랑의 대상을 포기할 것과 라이벌 여성, 라이벌 남성을 죽이려는 생각을 포기할 것을 강요한다. 오이디푸스와 연관시켜 프로이트는 나중에 주변화시킨 엘렉트라 콤플렉스를 거론한다.(엘렉트라는 고대 신화에서 오빠 오레스트가 어머니를 죽이는 데 협조한다.) 바람과 소원을 터부시 하는 일, 그리고 그와 연관된 금지사항들은 원래 외부로부터, 사회로부터 온 것이지만, 이것은 부모에 의한 사회화를 거쳐 어린이의 프시케에 의해 내면화된다. 그렇기 때문에 이 터부시되고 금지된 리비도의 소원은 일찌감치 억압되는 것이다.

억압은 프로이트에 의해 만들어진 방어기제 중 가장 중요한 것이다. 이 방어기제들은 프시케의 도움으로 사회적으로 용납되지 않는 충동, 감응, 소망 및 이들을 구체화시키는 상상과 생각들을 방어할 수 있는 전략들이다. 아울러 이 방어기제들은 이 상상과 생각들을 의식하지 못하게 잊혀지게 만들거나, 정반대로 (특히 불안 속으로) 뒤집어놓기도 하고 다른 상념에 (투사시켜) 덮어놓기도 한다. 비록 그렇게 보인다 할지라도 방어가 소원, 정념, 상상을 사라지게 한다는 뜻은 아니다. 방어는 프로이트에 따르면 인간에게서 갈망하며 소망하는 심급과, 다른 한편으로 검열하는 심급들, 즉 프시케 안에서 도덕과 풍습의 목소리를 대변하는 심급 사이에서 화해 조성과 통로 조성에 놓여 있다는 것이다.

억압은 방어기제로서 이 기제를 통해 소망과 소망하는 상상이 무의식 속으로 추방된다. 검열관이 잠들면 이 소망들은 타협적인 모습으로 단편적으로 꿈의 의식 속에서 나타난다. 일그러진 소망 또는 다른 사람의 소망으로, 심지어 꿈을 상기시키는 각성의식 속으로 침투할 수 있다. 이것들은 선험적으로 병리학적 영향을 초래하지는 않는다. 심급들 간의 지속적인 갈등, 에로스와 '나쁜' 억압과 부적절한 분리에서 초래된 타나토스 사이의 지속적인 갈등은 괴로움을 유발하고 인간의 삶의 희열을 방해하는, 정신병리학적으로 해석될 수 있는 증상을 만들어낸다. 그러나 이것 자체도 매우 미묘한 설정인데 특히 해당 인물이 자신의 괴로움을 외부의 영향에 의한 것이라고만 '합리화'시키거나—아니면 도덕적 마조히즘의 경우에서처럼—고통을 가하고 제재를 가하는 '다른 존재'에게 책임을 지울 수 있는 경우이다.

『꿈의 해석』(1900)에서 자세하게 다룬 이러한 왜곡과 설명하는 식의 꿈의 작업 양상들을 제대로 다룰 수는 없지만, 프로이트적 의미에서 무의식의 발견이 얼마나 중요한지는 언급해야 할 것이다. 성적 욕망의 근대적 해방이란 측면에서, 그리고 오늘날 우리가 이런 소망들 때문에 사람을 병들게 하는 그 엄격함을 이해하는 데 있어서 말이다. 이 이해에서 핵심적인 것은 모든 인간이 적어도 무의식적으로 금지된 소망을 품고 있다는 사실이 아니라 억압된 것이 다시 돌아오고 이 회귀 과정 속에서 자아를 위협한다는 사실이다. 왜냐하면 자아는 자기 집에서 주인이 아니다.(이렇게 프로이트가 획기적인 자기평가에서 언급했다.) 자아는 두 개의 또 다른 심급, 즉 이드와 초자아에 의해서 제한된다. 만약 이 둘이 지속적으로 강력하게 자아에 맞서 연합하면 주체인 자아는 우울하거나 광적인 상태에 빠지게 되고 이것은 절망에서 오는 자살, 살인 또는 자살행동으로 귀결될 수 있다.

에로스와 타나토스

인간이 계속 타나토스(죽음충동의 의미에서의 죽음)에 내던져지는 이 비극성은 무엇 때문인가? 어째서 이 살인적 비극성은 에로스와 그토록 밀접한 관계에 있는가? 프로이트는 긴 세월 동안 이 물음에 대한 답을 찾았고 『쾌락 원칙을 넘어서』(1920)에서 답을 찾았다고 생각했다. 처음에는 리비도, 성적 열망 그리고 에로스가 우위에 있다는 입장이었다. 이것을 프로이트는 쾌락 원칙이라고도 불렀다. 이 원칙은 니체가 도입한 '쾌락에의 의지', '질탕한 성적 향락에의 의지'와 유사하다. 앞서 언급한 방어기제도 바로 이 쾌락 원칙에 종사하는 것이며 도덕적 법칙에 종사하는 것이 아니다.

프로이트는 구강기와 항문기를 거쳐 생식기의 결합으로 가는 리비도의 전개과정을 찾아내듯이 방어의 전개과정도 찾아낸다. 방어가 일찍 발달하면 할수록 그 방어는 문명화되지 못한다. 유아기의 방어와 소망들은 절제가 없고, 비교적 무차별적이며 원시적인 분열기제의 특징을 띤다. 즉 투사의 기제 또는 극단적이고 비현실적인 충동해체(사랑과 증오 사이, 이상화와 사악화 사이 등등)의 기제 같은 것들이 나타난다. 즉 사회적이고 물리적이며 '이성적인' 현실원칙이라는 의미에서의 점진적인 차별화를 말한다.(물론 공동체의 법칙도 인정해야 한다. 예를 들어 중력의 법칙처럼 무조건 인정할 수는 없지만 말이다. 그렇지 않으면 공동체적 세계에서 개인적 광기의 정신병 속으로 떨어질 위험이 있다.)

그래서 열애 감정의 상태는 쾌락원칙을 위하여 현실원칙이 사라져 버리는 상태이다. 정념상의 '점유 에너지'의 대부분은 사랑 받는 사람(사물 또는 활동)에게 맞춰지는데, 이 대상은 갑자기 엄청나게 큰 비중을 차지한다. 마치 플라톤이 설명한 에로스 광기의 독점성과 같은 것이다. 프로이트는 플라톤을 알고 있었으며 한 인간이 다른 인간 때문에 자살하는 이유를 묻는 대목에서 시작한다. 이 물음에 대해 쇼펜하우어의 대답은 프로이트를 분명 만족시키지 못했다. 특히 프로이트의 임상적 경험이 그에게 전혀 다른 가르침을 주었기 때문이다. 리비도의 대상으로서의 자아의 발견은 비교적 늦게 발견된 것이다. 우리는 이것을 이미 플라톤(『파이드로스』의 안테로스)에게서 찾은 바 있다. 열애 감정에서 중요한 것은 사실상 실제 인간으로서의 타자가 아니라 자신의 일부로서의 타자이다. 이 점에 있어서 쇼펜하우어가 옳은 것 같다. 상호 간의 열애 감정 속에서는 두 개의 자아가 엄청난 정감적 점유에 의해 서로 뒤섞인다. 이 점유는 보통 때는 자신의 자아에게만 부여된다. (추측되거나, 실제로나 아니면 연애망상에 의한) 사랑에 대한 보답으로서의 사랑은 그토록 사랑하는 대상을 갑자기 잃게 되면 자아가 격정적이며 나르시스적으로 파국 속에 빠질 정도로 자신에 대한 사랑을 포기하게 만든다.(나지오 1996) 여기서 애정의 에너지 분량에 관한 기하학적 분배는 중요하지 않다. 어째서 인간이 자기애만으로 충분하지 않은지, 어째서 대부분의 인간들이 인생에서 단 한 번도 격렬한 사랑에 빠지지 않으면서 그러한 위험한 게임에 몰두하는지는 가늠할 수 없다.

우리는 여기서 이미 플라톤의 아리스토파네스 이야기가 연출하고 에로스의 시작을 알리는 개인의 존재의 결핍과 부딪힌다. 사랑받고자 하는 소망은 사랑의 대상인 사람을 동성이든, 이성이든, 적으로 욕망하고 즐기려는 욕구와 같다. 결실은—결실의 기쁨을 얘기해도 된다면—두 사람 모두에게 쾌감 넘치는 성적 합일 속에서의 타자의 열망이다. 조르주 바타유는 이것을 『성스러운 에로스』(1957)에서 일반적으로 실존을 결정하는 존재의 불연속성의 제거로 설명한다.(우리 인간들 사이, 사물과 인간들 사이, 시간과 공간 속 등등) 즉 불연속성을 추방하는 이러한 존재의 연속성이 에로스를 거룩하게 만든다.

그것을 정확히 알지도 못한 채 우리는 타자 속의 자신을 사랑한다. 그리고 타자를 우리 속에서 열망하는 존재로서 사랑한다. 이것은 육체와 영혼 사이뿐만 아니라 열망의 반향 속에 있는 리듬 사이에도 일체감이 형성된다. 메타심리학적 관점에서 프로이트의 이론은 비교적 일관성이 있는데, 이 이론은 어머니에 대한 젖먹이의 의존성, 젖먹이의 절대적인 초기 나르시시즘을 쟁점화시킨다("나는 가슴이다"). 일체감과 충족이라는 나르시스적 환상에서 무언가 결여되면 공격성이 나타난다. 결여의 감정은 훨씬 더 전체적이 된다. 반면 의존성과 일체감의 동시적인 환상은 아직 전체적인데, 즉 차별화되지 않고 온전하다. 바로 이렇게 전적으로 공격성이 없어진다. 누군가 자신의 충동경제성을 고정시켜놓은 방어기제가 일찍 발달할수록 더 절대주의적이며 비차별화 되고 마침내 프시케에게 위협적일 수 있다.(이것은 고정화의 정도에 따라 그리고 나중의 즉 보다 차별화된 방어기제의 성공적인 교육 여부에 따라 다르다.)

프로이트와 다른 학자들은 공격적이고 심지어 파괴적인 충동과 정념을 논리적으로 설득력 있게 결합하여 충동 이론을 발전시킨다.

다른 학자들이 인간을 선험적으로 선하고 절대적으로 평화의지적 존재로 보려 한 반면, 프로이트는 현실적으로 인간 영혼의 심연을 바라보고 두 가지 주장을 편다. 한편으로는 자기애는 자아를 공격하는 공격성이라는 짝을 갖고 있다는 것이다. 프로이트는 이것에 파괴충동의 지위까지 부여한다. 다른 한편으로는 부정적 충동('충동의 부정성'이라고 해야 할까?)을 추구한다. 즉 자아에 맞서는 공격성에 있어서도 매우 적극적인 생생함과 반대되는 부정성이다. 프로이트는 이것을 앞서 언급한 니르바나 원칙에서 찾는다. 그리고 이 지칭으로 불쾌 원칙의 다른 측면, 즉 비유기체, 즉 비생물체로 해체되길 바라는 포괄적인 소원, 이로써 불멸로의 해체까지도 나타내는 그 측면을 표현한다. 프로이트는 이 원칙 또는 이 경향이 모든 생물체 bios의 세계에서 발견된다고 한다. 심리적으로 말하자면 이 경향은 인간의 자아가 더 이상 견딜 수 없는, 어떤 타협으로도 더 이상의 거절 능력이 없는 긴장관계에 빠지게 될 때 활동하게 된다.

인간에게 가장 극단적인 충동의 갈등은 어쩌면 에로스 자신의 반대쪽과의 갈등이 아니라 에로스 자신과의 갈등일 것이다. 왜냐하면 죽음축동이 아니라, 절망적인 죽음소망 또는 느린 죽음이 오히려 마지막 절규가 될 거라고 말하는 것이 더 정확할 것이기 때문이다. 즉 견뎌낼 만한 삶, 어쩌면 그래도 훌륭한 삶에 대한 사랑의 마지막 전략인 것이다. 왜냐하면 그런 정도로 절망적인 상황에서 진짜로 충동을 말할 수 있는지 의문이다.(그 때문에 우리는 충동의 부정성에 대해 말해야 한다. 이 부정성은 충동에 변증법적으로 내재되어 있다.)

해체를 향한 이런 소원이 얼마나 '자연스럽고' 인간의 심신에 내재적인지는 모르지만 이 소원은 비로소 긴장관계가(특히 자아와 이드, 그리고 초자아 사이의 긴장, 그러나 고통 속에서, 아니면 테러의 트라우마 속에서, 유괴의 트라우마 속에서의 긴장 등등) 더 이상 지탱할 수 없다고 느껴지는 바로 그곳에서 작용한다. 이것은 헤시오도스의 "지체를 해체하는" 에로스에서 언급되는 그 긴장이다. 그리고 에로스와 타나토스로의 완만한 분열을 가져오게 하는 긴장이다. 육체와 영혼이 돌이킬 수 없이 서로 분리되기 때문에 완전한 분열은 특히 개인의 죽음을 의미한다. 왜냐하면—물리적, 실존적 차원에서—그 둘의 결합 속에 인간의 개성(분리불가능성)이 들어 있기 때문이다.[아리스토텔레스의 사유 전통에서는 영혼이 생명원칙의 의미에서 육체의 형식이며 육체를 완성시키는 엔텔레키아(완전현실태)이다.]

에로스에 타나토스를 넘겨준 수없이 논란이 된 충동 이론으로 프로이트는 프시케와 소마(육체) 사이의 모순된 통일성을 이해한다. 이 통일체는 급격한 의존성 및 무력함을 특성으로 하며 에로스 안에서 망상적 전능이라는 관점에서 특별한 방식으로 자신을 표출한다. 이 충동 이론은 특히 '악'('지옥')이 항상 타자 속에, 외부에 있고 인간 내면에 있지 않으며 자신의 내면에는 더더욱 존재하지 않는다고 믿는 문화권의 대표자들로부터 반박을 당한다. 자아 또는 영혼의 삶이 육체의 죽음 이후에도 가능하다는 믿음과 더불어 이 문화는 죽음을 가장 광적으로 부인했던 그 지점에서 죽음을 촉진시킨다. 나르시스적 리비도는 에로스와 타나토스 분열의 순간에 타나토스가 육체의 역할을 부인하는 이런 망상적 신앙의 도움으로 게임에서 이기게 할 정도로 불리한 입장에 빠진다. 이 경우 자살을 통해서 경악과 절망에게 때 이른, 돌이킬 수 없는 종지부를 찍도록 마지막 힘을 사용한다.

에로스와 타나토스 사이의 리비도의 승화

더 좋은 해결책이 있다면 그것은 아무래도 타협책이 될 것이다. 불가능하며 응답 없는 사랑과 불행한 사랑 때문에 택하는 우울한 자살 사이에서 가장 좋은 타협 중의 하나는 승화이다. 이제 죽음의 목전에서 그리고 부정적 안테로스(사랑의 부정성의 의미에서, 긍정적 사랑에 대한 대답으로서의 사랑의 의미에서가 아닌)의 목전에서 승화가 도입된다. 인간의 승화 능력에 토대가 되는 것은 환상이며 플라톤 이후에는 인간의 창조적 능력(포이에시스poiesis)을 의미한다. 프로이트는 상상에 의해 유도된 욕구로 생식 욕구와 구별되는 상상 욕구의 개념을 만들었다. 프시케는 구강, 항문, 생식기 그리고 모든 성감대에 해당하는 생식 욕구에서 출발해서 상상력의 대상을 정감적으로 점령함으로써 비로소 발달한다.

사랑과 증오의 정념은 서로 교환될 수 있는데, 프로이트는 이 현상을 전위Verschiebung라고 부른다. 전위는 쾌락이 마치 환상에 의한 갈망의 대상에게서 대체되듯 생겨날 때 활동한다. 그 갈망의 대상은 언제나 자신의 자아 및 그 일부와 혼합되어 있다. 생식 욕구에만 기초하는 에로스, 그러니까 상상 욕구 없는 에로스는 상상할 수 없고 하물며 생각할 수는 더더욱 없다. 아리스토텔레스의 문장,

"영혼은 결코 상상 없이 사고하지 않는다."(『영혼에 대하여』, 431a16)를 살짝 비틀어서 "영혼은 결코 에로틱한 상상 없이는 즐거움을 만끽하지 않는다."라고 할 수 있다. 프로이트 이후 분명한 것은 영혼이 비록 상상없이 향유할 수 없지만 그러나 무의식적으로 심지어 대부분의 시간에 즐길 수 있다는 것이다.

에로스를 생물학적 생식충동의 아래 두는 것은 상상력(또는 판타지)의 이러한 역할을 착각하는 것이다. 설사 우리가 인간의 그런 충동에서 출발할 수 있다 하더라도 그것은 성적 자극일 뿐이며 심리적, 언제나 그렇듯이 환상적 열망의 복합적인 경제성 없이는 활기를 찾을 수 없는 자극이다. 에로스는, 심지어 인간의 (또한 많은 동물의) 에로스적이지 않은 성욕조차도 순수한 생식 욕구, 이와 연관된 생식 욕구 기능을 넘어선다. 근본적으로 에로스는 구체적으로 성적인 생식기능보다 뭔가 '다른' 것을 생각하는 것에서 이미 '다형적 도착성'의 일탈에 휘말려 있다. 이것은 생물학적으로 중요한 생식 기능의 관점에서만이 일탈로 나타난다. 『섹스 이론에 관한 세 편의 논문』(1905)에서 프로이트는 이 일탈을 그의 심리학적 관점에서 유아에 들어 있는 에로스의 뿌리로 가정한다. 모든 가능한 대상(특히 영양과 사랑을 공급하는 가슴/목소리/엄마)을 겨냥한 상상욕구를 상상하지 못했던 프로이트 동시대인들의 무능력은, 프로이트가 마치 어른들의 생식기와 결합된 섹슈얼리티에 어린아이들을 끌어들였다는 오해를 지금까지도 이어지게 만들었다.

제9장

규범적 성과 젠더 규범: 1945년 이후의 에로스 철학

에로스학적으로 말해서 20세기는 프로이트의 정신분석이 발견되고 이에 수반되는 이론, 즉 광범위하게 논의된 에로스 개념의 이론으로 특징지어진다. 조르주 바타유, 모리스 메를로-퐁티, 헤르베르트 마르쿠제, 테레사 드 로레티스에 이르기까지 많은 작가들이 프로이트의 에로스 이론에 큰 영향을 받았다. 다른 작가들은 키르케고르에 매달렸다. 이것은 특히 실존주의적 현상학적 철학에서 분명해진다. 키르케고르의 『유혹자의 일기』는 다수의 지지자들에게 쇼펜하우어와 니체를 연상시키는 특이한 무의식 이론보다도 더 많은 영향을 끼쳤다. 분석철학은 에로스라는 주제를 거의 연구하지 않았다. 이들 분석철학의 접근방식에서는 너무 비논리적이고 형태상 규정이 어려운 것이 바로 에로스 개념이다.

그러나 형식논리학에 보다 경도된 분석철학을 넘어서 학문적 철학도 비로소 바로 얼마 전에 에로스 이론의 흔적 찾기에 다시 나섰는데, 이 이론들은 인류학적 틀보다는 주변적인 미학 차원에서 다뤄진다. 몇 가지 예외를 제외하면 에로스는 예나 지금이나 철학의 대상이라기보다는 통속문학의 대상으로 간주된다. 처음에는 플라톤과 그가 당대 철학에 끼친 영향을 연구하는 철학사의 대상으로 간주되었었다. 프랑스에서는 사정이 다르다. 프랑스에서 에로스가 위에서 언급한 현상학적 논쟁의 중심에 서 있기 때문이다. 수년 전부터 프랑스에서는 이 테마가 '지혜에 대한 사랑', 요컨대 '필로'에 대한 대중적 관심만큼이나 붐을 일으키고 있다. '필로'는 이제 파리의 카페에서뿐만 아니라 지중해 크루즈 선상에서도 다루어진다.

에로스의 현상학

사르트르가 에로스와 섹슈얼리티를 헤겔의 '인정의 변증법', 즉 주인과 노예의 변증법에 의거하여 소외와 부자유의 목록에 위치시킨 반면, 사르트르의 친구이자 동료이며 훗날 적대자가 되는 메를로-퐁티는 새로운 개념의 에로스에 대한 단초를 연구해낸다. 그 연구 안에서 에로스는 섹슈얼리티와의 긴장관계 속에서 상호육체성을 기반으로 구축된다. 이 상호육체성은 간주관성과 의식적인 언어적 의사소통의 이편에 위치하고 있다. 철학자에게 에로스는 자유와 대립된 것이 아니라 두 개념은 상호교차적으로 변증법적인 관계에 있다. 메를로-퐁티는 이미 그의 『지각의 현상학』(프랑스어, 1945)에서 사르트르에 의해 자리 잡은 주체 객체의 이분법을 체계적으로 넘어서면서 서서히 붕괴시키기 시작한다.

이렇게 해서 메를로-퐁티는 "나와 타자autrui" 사이의 에로스 철학 초안을 잡는 데 성공한다. 이 철학은 타자의 본질에 대한 공격적이면서도 투사적인 선결정Vorentscheidung 없이 문제를 해결해나간다. 메를로-퐁티는 자아와 타자를 단지 관점 상으로만 파악하고 이로써 이분법을 필요로 하는 절대적 극점으로서가 아니라 가역적인 것으로 파악한다. 프로이트를 차용한 부분은 특히 메를로-퐁티가 성적 에로스의 공생적 양상들을 형이상학적으로 절대화시키지 않고 주관성 이전의, (특히 유아에 있어서) '익명의' 비분리성, 즉 두 육체와 영혼의 비분리성을 극히 인간적으로 호소하는 것에서 두드러진다.

반면에 엠마누엘 레비나스는 그의 대표작 『전체성과 무한성』(프랑스어, 1961)에서 '에로스의 현상학'이라는 장을 썼는데 이 장은 자아-타자의 양극점을 성존재론적으로 불가역적인 존재관계로 고정시킨다. 그리스적-서구적 철학보다는 유대교적인 특징을 지닌 그의 에로스 철학에서 남자는 여자를 전혀 다른 타자, 즉 남자에게 또 다른 자아(즉 아들)을 낳아주고 그로 하여금 아버지가 되게 하는 존재로서 사랑한다. 단지 의인화된 자궁이 아니라 존재론화 된 자궁의 이러한 기능 속에서 여성/여성성은 '머물 곳/처소'(수동적)가 되고 남자는 이중적 의미에서의 '행위자/행동가'(능동적)가 된다.

레비나스는 이처럼 형이상학으로 격상된 신교부학新教父學으로, 그 후 프랑스에서 정치적 철학적으로 가장 격렬한 논쟁 중 하나를 촉발시키는 계기가 된 그의 성존재론의 토대를 놓았다. 즉 포스트모더니즘적-차별주의적인 페미니스트들과 모더니즘적-평등주의적 페미니스트들 사이에서의 논쟁이 그것이다. 비록 모더니즘과 포스트모더니즘 사이의 전선은 1990년대 '레즈비언과 게이 운동', '퀴어(성다양성) 연구' 등의 영향으로 느슨해지지만 이 논쟁은 오늘날까지 가라앉지 않고 있다. 이 논쟁은 과거 프랑스를 넘어 루소를 모태로 하는 '자연주의자들'과 볼테르 식의 '문화주의자' 사이의 오랜 논쟁과 연관된다.

에로스는 연인들의 관계가 보다 포괄적인 의미에서 자유로울 때만 비로소 자유로울 수 있다. 잘 알려진 바와 같이 시몬 드 보부아르와 장 폴 사르트르는 이런 자유로운 관계로 살려고 시도했다. 그러나 그런 식의 공개적인 모험이 된 관계는 합리적 이성화의 거리를 중시하는 학문적 철학에는 오히려 '민망하고 난처'했으며 따라서 논쟁의 대상이 될 수 없었다. 그 '민망함/난처함'은 전적으로 철학에 내재하는 육체성의 배제에 기인할 수 있을 것이다. 또는 극히 사적(성적)인 것의 노출에 기인할 수도 있는데 이것은 일종의 무능력, 즉 에로스적인 친밀성에 '단 둘이서'만으로는 제대로 대처하지 못하는 무능함을 드러낸다. 이런 무능함은 타자를 오로지 포르노그라피처럼 소외화시켜서 육체-대상으로서 즐길 줄밖에 모르는 그런 사람들의 관음증적 시선의 황폐화를 상기시킨다.

학문적 철학의 입장에서 가장 난처하고 금기시될 만한 것은 서로 권력관계에 있는 상황에서 연애 스캔들이 공개되는 경우이다. 그런 스캔들의 대표적 사례는 유부남 철학자 하이데거와 그의 유대인 제자 한나 아렌트의 경우이다. 하이데거는 곧 나치 지지자가 되어 유명한 총장 취임 연설을 한 반면 아렌트는 독일에서 도피해야 했다. 어쨌든 하이데거는 아렌트를 사석에서 자신의 철학의 중요한 영감의 원천으로 가치를 인정한다.(아렌트는 하이데거가 추앙한 아우구스티누스의 사랑의 개념에 대해 박사학위 논문을 썼다.) 사랑이나 에로스에 대해 하이데거에게서는 철학적인 내용이 발견되지 않는다. 인식을 규명해주는 카리타스를 넘어설 만한 그런 것은 아예 없다. 하이데거의 동시대 대가들이 그의 작품을 과잉 해석할 수도 있겠지만 야스퍼스가 내린 하이데거의 "애정-없음"에 대한 비판은 많은 독자들에게 여전히 타당성을 입증한다.

페미니스트의 에로스 비판

시몬 드 보부아르가 1949년에 출간된 그녀의 대표작 『제2의 성』에서 레비나스와 다른 철학자들의 에로스 형이상학이 위계서열적 함축을 지닌다고 비판했을 때 보부아르의 맞수인 뤼스 이리가레이* 는 바로 그 점을 파고든다. 이리가레이는 특정한 법률의 차원에서는 남녀평등에 대해 하등 반박할 것이 없지만 남자와 여자 사이의 근본적인, 존재론적인 차이를 고수한다. 이 차이는 바로 남자와 여자 사이의 에로스에 나타난다는 것이다. 이리가레이는 남성 중심의 철학을 선별해서 파격이라고 선언한 모방(미메시스) 형식으로 이들을 풍자한다. 즉 여성들에 대해 지배적인 자세로 남성들이 주제넘는 짓을 하는 장소와 역할을 풍자한다. 레비나스는 직접적으로 풍자되지 않는다. 그 대신 '거꾸로' 여성적 독립에로스주의에 편입시키기 위해 레비나스가 도를 넘는 수위로 인용된다. "만약 두 개의 입술이 키스를 하면", 그것은 두 인간 사이에 반쪽씩 나눈 키스의 현상학이 아니라 여성의 음순의 현상학이다. 이 음순은 『성차이의 윤리학』(프랑스어, 1984)의 같은 제목의 장에서 여성성의 육체적-형이상학적 토포스로 아주 특별하게 취급된다. 이것은 (플라톤이 아니라) 플로티노스를 연상시키는데 종교적인 보편 명제를 위한 여성성의 실체화를 나타낸다.(토포스는 그리스어에서 장소라든가 상투어라는 의미 말고도 여성의 치부라는 의미도 있다.)

* 1932~. 벨기에 출신 페미니스트, 철학자, 언어학자, 정신분석학자이자 문화 이론가.

헤겔 쪽, 특히 마르크스 쪽에 가까운 시몬 드 보부아르는 이에 반해 에로스가 (모든 철학적으로 간주될 만한 현상들도) 주어진 사회적 역사적 지배관계 속에 명백히 예속되어 있다는 입장을 고수한다. 차이도, 이성적 에로스에서의 상하관계조차도 보부아르에게는 사르트르에게서 보다도 훨씬 더 사회적으로 참여적이며 가변적인 것으로 나타난다. 보부아르는 사르트르의 분리적 존재론에 기대고 있지만 구상에 있어서는 메를로-퐁티의 사고도 수용하고 있다.

보부아르와 함께 잡지 『케스치옹 페미니스테』를 발간한 그녀의 후배들과 동료들은 한 발짝 더 앞으로 나갔다. 콜렛 기요맹*, 니콜-클로드 마티외**, 모니크 위티***는 이미 1970년대 에로스의 중심에서 '자유, 평등, 형제애'가 사회계약적으로, 그리고 이에 수반되는 성별계약상의 제약들을 찾아냈다. 특히 모니크 위티는 사회적으로 자리 잡은 성차별적 굴종과 남성들에게 묶여 있는 에로스로부터 여성들이 박차고 나올 것을 호소한다.〔기요맹은 "(병아리의) 성감별"이라고 불렀다.〕 이 논제는 주디스 버틀러****와 다른 이들에게 전적으로 큰 의미가 있었다. 위티의 논문 『수직으로 생각하기』(프랑스어. 1980)는 프랑스 여권운동가들에게 뿐만 아니라 학문적으로 망명중인 그녀 자신의 '레즈비언과 게이 연구'에도 선구적이었으며 미국과 '퀴어(성다양성) 이론'에도 선구적이었다. '퀴어 이론'은 의식적으로 선택된 이

* 1934~. 프랑스 사회학자, 페미니스트.
** ~2014. 프랑스 인류학자, 젠더 연구가.
*** 1935~2003. 프랑스 작가, 페미니즘 이론가.
**** 1956~. 미국 철학자, 젠더 이론가.

상행동을 강제적 이성애異性愛 규범, 즉 이중적 의미에서 이종異種의 규범으로부터의 일탈을 긍정으로 바꾸고 그것을—많은 이들로부터 그저 이론적으로나 제기된—반체제 전략으로 만든다.

이 이론의 틀 안에서 차이의 자연주의와 문화의 평등주의 사이의 꺼지지 않는 갈등은 모더니즘과 포스트모더니즘 간의 일종의 타협으로 상대화된다. 성차별적으로 인식된 '여성', '남성', '성전환자', '레즈비언', '호모'들의 명칭도 마찬가지로 상대화 된다. 여기서 중요한 것은 더 이상 계급투쟁이나 성별투쟁이 아니라 남녀라는 이성성만을 정상으로 보는 입장Heteronormativität에 대한 투쟁이다. 이런 비판은 그 목표를 넘어서 정상성 자체로 눈을 돌린다. 비록 성존재론이 지닌 신비스러운 유산의 짐으로부터 어느 정도의 해방이 되긴 했으나 거의 차별화되지 못한 규범 개념에 대한 비판은 (즉 어떤 규범에 대해서인가, 어떤 규범화 과정에 대해서 그때그때 논의가 되는지 충분한 설명이 없는) '노모포비아', 즉 사회적으로 법제화된 것에 대한 불안, 특히 '법공포증'이라는 의심을 받게 되었다. 이 공포증의 핵심에는 늘 그렇게 쓰였듯이 '호모포비아', 즉 '동성애공포증'이 자리 잡고 있다.

호모포비아는 동성애에 대한 무의식적 공포를 나타내는데, 이 공포는 동시에 이런 식으로 '다른 존재'들을 타도하는 것이기도 하다. 이런 식으로 실제로 대부분의 젠더 규범을 이 공포가 정해놓는데 그렇다고 절대적인 것은 아니고 포괄적이며, 우리로 하여금 믿도록 만드는 이성애의 정상성이라는 개념이 그렇듯이 선험적이진 않다. 자신의 여러 성적 존재, 자신의 것이든, 경험된 것이든, 동경해

왔든, 아니면 전반적으로 억압된 여러 성정체성, 즉 성전환자, 동성애자, 양성애자, 정상자, 비섹스자로서의 존재성을 침착하고 냉정하게 다루면 규범의 페티시즘적 성격을 벗겨내고 에로스 역시 다양한 잠재력을 해방시킬 수 있다.

파토-로고스와 에로스학

이성애 중심의 강제도덕과 규범을 넘어 에로스를 명백하게 한계 짓는 일은 기원전 5세기 고대 아테네에서 처음으로 시작되었다. 그런 다음 오랫동안 기존의 철학사, 정신사에서 동성애라는 주제를 억압해왔다가 20세기 초부터 오늘날까지 중요한 작가들에 의해 다시 다뤄지게 되었다. 에로스의 모든 양상과 양태들에 대한 보다 자유로운 논쟁은 유럽에서 특히 나치정권과 전쟁에 의해 무참히 중단되었다. 그런 다음 정신분석가 프리츠 모르겐탈러*가 이 주제에 대해 오늘날까지도 가장 흥미로운 단초들을 제시했다. 『동성애, 이성애, (성)도착倒錯』(1984)에서 모르겐탈러는 동성애자들의 운명적인 성충동을 이성애적 인간들의 운명에 대비시키면서 절대적이며 보편타당한, 정신분석의 관점에서 병인성病因性의 요인을 찾아내지 못한다.

반면 모르겐탈러는 (성)도착의 개념을 재정의하는데 전적으로 프로이트적 의미에서 다시 정의한다. 정착된 규범의 전도가 도착이

* 1919~1984. 스위스 의사, 정신분석학자.

아니라 에로스가, 즉 리비도에 의한 전체 충동사건이 거의 전적으로 타나토스를 위해 존재한다는 사실이 도착이라는 것이다(원래 여러 이유에서 직접적으로 위협하는 심리적 죽음을 방어하는 행위로). 이러한 타나토스적 에로스는 에로스의 직접적인 맞상대인 타나토스를 섬기기 때문에 도착적이다(그리고 그의 길이 대부분 심리적 및 육체적 주검으로 포장되어 있기 때문이다). 돈 조반니든, 다른 사람들에게서 태생적으로 대응 불가능한 욕정을 불러일으키는 팜므파탈이든, 아니면 성불감증 환자로, 에로스가 실현되려는 찰나, 마조히즘적으로 자신들을 바치려는 연인들을 짝사랑의 절망 상태에 주저앉히는 여자 또는 남자 등이 그들이다. 에로스가 이렇게 도착된 상태에서는 사랑을 받은 대상은 사랑을 받는 것이 아니라 '희생물'이 포획되어 더 이상 흥미가 없어질 때까지 사냥을 당한다. 어쩔 수 없이 욕정의 대상은 이미 비현실적으로 선택된 것이어서 인간이 아니라 오히려 투사면이나 '인형'으로서 중요하다.

성도착에 대해 전혀 다른 접근을 시도한 사람은 헤르베르트 마르쿠제이다. 마르쿠제는 자신의 저서 『충동구조와 사회』**(1955)에서 성도착을 생식의 명령에 성이 복종해야 하는 데 대한 거부의 표시로 본다. 성도착에 대한 이러한 완곡어법의 테제는 1960년대 후반 청년운동에 의해 대대적으로 받아들여졌으며 (그때까지는 대체로 남성적으로 생각한) 성적 에로스가 해방의 잠재력을 지닌다는 생각들도 마찬가지로 열광적으로 받아들여졌다. 그러나 빌헬름 라이히의 이

** 원제 『에로스와 문명(Eros and Civilization. A Philosophical Inquiry into Freud)』

론* 등에 피력된, 즉 그의 오르곤에너지에 입각해서 오르가즘이 해방시키는 효과에 대한 이론의 경우와 유사하게, 21세기 전환기에 들어 성문제에서 해방되고, 성다양성을 받아들이게 되긴 했지만 보다 효율적인 시장경제성에 적응된 남녀 대학생 집단이 늘어나면서 그러한 열광은 이내 사라졌다.

이제 철학적 의미에서 언제나 약간의 도착성을 지닌 '종래의' 에로스와 실제로 죽음의 위협이라는 병리학적 의미에서 도착된 에로스 사이의 경계는 딱히 정해놓을 수가 없다. 솔론이 말했다고 전해지는 주장, 즉 한 인간이 행복했었는지 아닌지는 죽은 사람으로부터 비로소 들을 수 있다는 말은 다음과 같이 바꿀 수도 있다. 즉 한 인간이 아름다운 인간, 즉 고귀한 인간들로부터 사랑 받은 인간이었는지, 아니면 증오 받을 만하고 증오한다는 의미에서 혐오스런 인간이었는지는 죽은 사람으로부터 결코 들을 수 없다고 말이다. 더더욱 분명히 말할 수 없는 것은 한 인간의 에로스를, 그 인간의 에로스적 아우라를 결정짓는 것이 무엇인가 하는 것이다. 그 아우라는 '보통' 행복한 사람, 아름다운 사람의 아우라와는 정반대로 성적 은밀함 속에서 비로소 제대로 빛을 발휘한다. 반대로, 혁명을 위해 몸 바치는 열혈 동지라면 많은 동료들을 공적으로는 물론 성적으로도 은밀하게 불타오르게 할 수 있을 것이다.

에로스에 관한 이론은 수없이 많다. 그러나 이 이론들은 종종 편파적이고 사변적이며, 보편적인 인류학적 현상을 가정한다. 자기관

* 특히 『성과 문화의 혁명』(1935), 『오르가즘의 기능』(1927)을 말한다.

찰적 경험이든 아니면 사물화시키는 객관적 관찰 방식이든 그 경험을 고려하지 않고 그 다양하고 모순적인 관점, 논리, 그리고 담론 방식들을 고려하지 않으면서 말이다. 에로스에 대한 관점의 이러한 다양성이 에로스를 체험하는 다수의 인간에 의해 개별화시키는 체험으로서 증대된다는 사실은 에로스를 파악하려는 과제를 어렵게 만든다. 플로티노스, 쇼펜하우어 또는 키르케고르처럼 에로스를 그렇게 편협하게 다루는 에로스 철학은 에로스의 이런 배가 능력이 있는 다면성을 비켜간다.

그러나 가능한 한 많은 관점과 경험들을 그들이 표상하는 사고 속에 끌어들이고 설득력 있게 성찰하는 에로스 철학은 다성 현상으로서의 에로스를 제대로 평가하게 된다. 그 때문에 플라톤, 프로이트, 그리고 그동안 수많은 에로스 철학의 저술가들 중에서 몇몇이 오늘날까지 일정 부분 어느 정도 타당성을 유지한다. 다른 철학자들은 일회적 사건이거나 아니면 그저 단편적으로만 존재한다. 물론 그들이 흥미롭지 않다는 것은 아니다. 그러나 에로스 사건을 보다 더 잘 표현하는 다수의 에로스 문학처럼 그렇게 아름답게 되기는 어렵다.

두 사람은 옷을 벗고 키스했다.
깊숙이 휘감긴 알몸이
시간을 뛰어넘어 신성하게 만들기 때문
아무것도 그들을 건드리지 않는다. 처음으로 되돌아온다.
너도 없고 나도 없다. 내일도 없고 어제도 없다.

영혼과 육체, 하나 된 둘의 이름 없는 진리만이

완전한 존재이니…

옥타비오 파스, 『태양의 돌』, 작품집 1935~1975(독일어역 A. P.)

참고 문헌

Abaelard, Petrus (아벨라르): Die Leidensgeschichte und der Briefwechsel mit Helosia. 『엘로이즈와의 서신 교환 및 수난사』 Hg. und übers. von Eberhard Brost. 4., verbesserte Aufl. Heidelberg: Schneider 1979.

Andreas Capellanus (안드레아스 카펠라누스): Über die Liebe. 「사랑에 관하여」 Hg., eingle., übers. und mit Anm. von Fidel Rädle. Stuttgart: Hiersemann 2006.

Andreas-Salomé, Lou (안드레아스-살로메): Die Erotik-Vier Aufsätze. 『에로틱』 München: Matthes & Seitz 1979 (1910).

Aristoteles (아리스토텔레스): Die Nikomachische Ethik. 『니코마코스 윤리학』 Übers. von Olof Gigon, hg. von Rainer Nickel. Düsseldorf u. a.: Artemis & Winkler 2001.

__ : Fragmente zu Philosophie, Rhetorik, Poetik, Dichtung. 『철학, 수사학, 시학, 문학에 관한 단편 』 Hg., übers. und erl. von Hellmut Flashar, Uwe Dubielzig und Barbara Breitenberger. Berlin: Akademie 2006.

__ : Politik. 『정치학』 Übers. und mit Anm. von Eugen Rolfes. Hamburg: Meiner 1990.

Augustinus (아우구스티누스): Bekenntnisse. 『고백록』 5. Aufl. Frankfurt/M.: Fischer 1959.

Bachtin, Michail M. (바흐친): Rabelais und seine Welt - Volkskultur als Gegenkultur. 『라블레와 그의 세계 반문화로서의 민족문화』 Frankfurt/M.: Suhrkamp 1987.

Bataille, Georges (바타유): Der heilige Eros. 『성스러운 에로스』 Neuwied-Berlin: Luchterhand 1963.

Beauvoir, Simone de (보부아르): Das andere Geschlecht-Sitte und Sexus der Frau. 『제2의 성』 Reinbek bei Hamburg: Rowohlt 1951.

Buchheim, Thomas (부흐하임): Erôs. 「에로스」 In: Wörterbuch der antiken Philosophie. Hg. von Christoph Horn. München: Beck 2002, 153-154.

Calame, Claude (칼라메): L'éros dans la Grèce antique. 『고대 그리스의 에로스』 Paris: Berlin 1996.

Davidson, James N. (데이비슨): Kurtisanen und Meeresfrüchte - Die verzehrenden Leidenschaften im klassischen Athen. 『매춘부와 해산물』 Berlin: Siedler 1999.

Descartes, René (데카르트): Die Leidenschaften der Seele. 『영혼의 정열』 Hg. und übers. von Klaus Hammacher. 2., durchges. Aufl. Hamburg:

Meiner 1996.
Detienne, Marcel (드티엔): Dionysos mis à mort. 『디오니소스는 죽었다』 2. Aufl. Paris: Gallimard 1998 (1997).
Dover, Kenneth J. (도버): Homosexualität in der griechischen Antike. 『고대 그리스에서의 동성애』. München: Beck 1983 (1978).
Duby, Georges (뒤비): Ritter, Frau und Priester – Die Ehe im feudalen Frankreich. 『기사, 여성 그리고 성직자 - 프랑스 봉건사회에서의 결혼』 Übers. von Michael Schröter. 2. Aufl. Frankfurt/M.: Suhrkamp 1986.
_ : Mâle Moyen-Âge – De l'amour et autres essais. 『사악한 중세 - 사랑에 관하여 및 다른 에세이』 Paris: Flammarion 1988.
Elias, Norbert (엘리아스): Über den Prozeβ der Zivilisation – Soziogenetische und psychogenetische Untersuchungen. 『문명화 과정』(1권: 서구 상류사회에서의 행동의 변천 과정 Band 1: Wandlungen des Verhaltens in den weltlichen Oberschichten. 2권: 사회의 변천과정 - 문명이론에 관한 초안 Band 2: Wandlungen der Gesellschaft. Entwurf zu einer Theorie der Zivilisation). Frankfurt/M.: Suhrkamp 1997 (1939).
Eros philosophe – Discours libertins des lumières. 『에로스 철학 - 계몽주의의 자유사상적 담론』. Hg. von Françios Moureau und Alain-Marc Rieu. Genf-Paris: Slatkine 1984.
Ficino, Marsilio (피치노): Über die Liebe oder Platos Gastmahl. 『사랑에 관하여 - 플라톤의 『향연』 주해』 2. Aufl. Hamburg: Meiner 1994.
Flasch, Kurt (플라쉬): Augustin. 『아우구스티누스』 3. Aufl. Stuttgart: Reclam 2003 (1986).
_ : Das philosophische Denken im Mittelalter. 『중세의 철학적 사고』 2. Aufl. Stuttgart: Reclam 2000 (1986).
Foucault, Didier (푸코): Histoire du libertinage. 『리베르탱의 역사』 Paris: Perrin 2007.
Foucault, Michel (푸코): Die Ordnung der Dinge-Eine Archäologie der Humanwissenschaften. 『사물의 질서 - 지식의 고고학 』 Frankfurt/M.: Suhrkamp 1971 (1966).
_ : Sexualität und Wahrheit 1-Der Wille zum Wissen. 『성과 진리 1 - 지식에의 의지』 Frankfurt/M.: Suhrkamp 1997 (1976).
_ : Sexualität und Wahrheit 2-Der Gebrauch der Lüste. 『성과 진리 2 - 욕망의 사용』 Frankfurt/M.: Suhrkamp 1986(1984).
_ : Sexualität und Wahrheit 3-Die Sorge um sich. 『성과 진리 3 - 자신에 관한 걱정』 Frankfurt/M.: Suhrkamp 1986 (1984).
Die Fragmente der Vorsokratiker. 『소크라테스 이전 철학자들의 철학 단편』 Hg. von Hermann Diels und Walther Kranz. 6. Aufl. Zürich: Weidmann 1951.

Freud, Sigmund (프로이트): Die Traumdeutung (= Gesammelte Werke II und III). 『꿈의 해석』 Frankfurt/M.: Fischer 1999 (1900).

__ : Drei Abhandlungen zur Sexualtheorie (= Gesammelte Werke V). 『섹스 이론에 관한 세 편의 논문』 Frankfurt/M.: Fischer 1999 (1905), 27-145.

__ : Beiträge zur Psychologie des Liebeslebens-Über einen besonderen Typus der Objektwahl beim Manne (= Gesammelte Werke VIII). 『성생활의 심리학 - 남성의 경우 대상 선정의 특수한 유형에 관하여』 Frankfurt/M.: Fischer 1999 (1910a), 65-77.

__ : Beiträge zur Psychologie des Liebeslebens-Über die allgemeinste Erniedrigung des Liebenslebens (= Gesammelte Werke VIII). 『성생활의 심리학 - 성생활의 가장 보편적인 굴종에 관하여』 Frankfurt/M.: Fischer 1999 (1910b), 78-91.

__ : Jenseits des Lustprinzips (= Gesammaelte Werke XIII). 『쾌락 원칙을 넘어서』 Frankfurt/M.: Fischer 1999 (1920), 1-69.

Geier, Alfred (가이어): Plato's Erotic Thought-The Tree of the Unknown. (『플라톤의 에로스 사상』) Rorchester: University of Rorchester Press 2002.

Gregorius Nyssenus (그레고리우스): In Canticum canticorum homiliae-Homilien zum Hohenlied. 『아가서 설교집』 Übers. und eingel. von Franz Dünzl. Freiburg u. a.: Herder 1994.

Halperin, David M. (할페린): Why is Diotima a Woman? (『디오티마는 왜 여성인가?』) In: Before Sexuality - The Construction of Erotic Experience in the Ancient Greek World. Hg. von David M. Halperin, John Winkler und Froma Zeitlin. Princeton: Princeton University Press 1989.

Hegel, Georg Wilhelm Friedrich (헤겔): Phänomenologie des Geistes (=Werke III). 『정신 현상학』 Frankfurt/M.: Suhrkamp 1976 (1807).

Hildegard von Bingen (힐데가르트): Symphonia. Gedichte und Gesänge. 『심포니아. 시와 노래』 Gerlingen: Lambert Schneider 1995.

__ : Über die Liebe. 『사랑에 관하여』 Ausgew. und mit einem Nachwort von Peter Dinzelbacher. 3. Aufl. München: dtv 2006.

Das Hohelied Salomos. 『솔로몬의 아가서』 Übers. und komm. von Klaus Reichert. Salzburg- Wien: Residenz 1996.

Irigaray, Luce (이리가레이): Ethik der sexuellen Differenz. 『성차이의 윤리학』 Frankfurt/M.: Suhrkamp 1991.

Irion, Ulirich (이리온): Eros und Thanatos in der Moderne - Nietzsche und Freud als Vollender eines anti-christlichen Grundzugs im europäischen Denken. 『근현대에 있어서의 에로스와 타나토스 - 유럽 사상의 고대 그리스적 본질의 완성자로서의 프로이트와 니체』 Würzburg: Königshausen & Neumann

1992.
Kodera, Sergius (코데라): Filone und Sofia in Leone Ebreos Dialoghi d'amore - Platonische Liebesphilosophie der Renaissance und Judentum. 『레오네 에브레오의 『사랑에 관한 대화』에서 필로네와 소피아 - 르네상스와 유대교에 있어서 플라톤의 에로스 철학』 Frankfurt/M. u.a.: Lang 1995.
Kofman, Sarah (코프만): Comment s'en sortir. 『어떻게 나갈까?』 Paris: Galilée 1983.
Lacan, Jacques (라캉): Encore! 「앙코르」 Das Seminar Buch XX. 2. Aufl. München: Quadriga 1991.
Le Goff, Jacques (르고프): Phantasie und Realität des Mittelalters. 『중세의 환상과 현실』 Stuttgart: Klett-Cotta 1990.
Leone Ebreo (레오네 에브레오): Dialoghi d'Amore - Dialoge zwischen Filone und Sophia über die Liebe. 『사랑의 대화』 Übers. und paraphr. von Sergius Kodera. 2 Bände. Wien 1993 (Diss).
Lesky, Albin (레스키): Vom Eros der Hellenen. 『그리스인들의 에로스에 관하여』 Göttingen: Vandenhoeck & Ruprecht 1976.
Lévinas, Emmanuel (레비나스): Totalität und Unendlichkeit-Versuch über die Exteriorität. 『전체성과 무한성』 Freiburg/Br. u. a.: Alber 1987.
Libera, Alain de (리베라): Denken im Mittelalter. 『중세의 사유』 München: Fink 2003.
Maierhofer, Martina (마이어호퍼): Zur Genealogie des Imaginären - Montaigne, Pascal, Rousseau. 『상상계의 생성에 관하여』 Tübingen: Narr 2003.
Marcuse, Herbert (마르쿠제): Triebstruktur und Gesellschaft. 『충동구조와 사회』 Frankfurt/M.: Suhrkamp 1965 (1955).
Merleau-Ponty, Maurice (메를로-퐁티): Phänomenologie der Wahrnehmung. 『지각의 현상학』 Berlin: de Gruyter 1966 (1945).
Montaigne, Michel Eyquem de (몽테뉴): Essais. 『수상록』 Übers. von Hans Stilett. Frankfurt/M.: Eichborn 1998 (1580ff.).
Morgenthaler, Fritz (모르겐탈러): Homosexualität, Heterosexualität, Perversion. 『동성애, 이성애, (성)도착』 Frankfurt/M.: Fischer 1987 (1984).
Nasio, Juan David (나지오): La douleur d'aimer. 『사랑의 고통』 Paris: Payot & Rivages 1996.
Nietzsche, Friedrich (니체): Menschliches, Allzumenschliches. 『인간적인, 너무나 인간적인』 (=Sämtliche Werke Band II. Hg. von Giorgio Colli und Mazzino Montinari). München: dtv 2005 (1878).
_ : Die fröhliche Wissenschaft. 『즐거운 학문』 (=Sämtliche Werke Band III. Hg. von Giorgio Colli und Mazzino Montinari). München: dtv 2005 (1882).

_ : Also sprach Zarathustra. 『차라투스트라는 이렇게 말했다』 (=Sämtliche Werke Band IV. Hg. von Giorgio Colli und Mazzino Montinari. München: dtv 2005 (1885).

Nussbaum, Martha (누스바움): The Therapy of Desire. 『욕망의 치유』 Princeton: Princeton University Press 1994.

Osborne, Catherine (오스본): Eros Unveiled - Plato and the God of Love. 『개방된 에로스-플라톤과 사랑의 신』 2. Aufl. Oxford: Clarendon 2002.

Panizza, Oskar (파니차): Das Liebeskonzil = The Council of Love. Eine Himmels-Tragödie in fünf Aufzügen. 『사랑의 법정』 München: Belleville 2005 (1894).

Paz, Octavio (파스): Suche nach einer Mitte. 『중도를 찾아서』 Frankfurt/M.: Suhrkamp 1980.

Pechriggl, Alice (페흐리글): Chiasmen. Antike Philosophie von Platon zu Sappho - von Sappho zu uns. 『어구교차배열 - 고대철학 플라톤에서 사포 - 사포에서 우리에게로』 Bielefeld: transcript 2006.

Pisan, Christine de (피장): Der Sendbrief vom Liebesgott (épistre au dieu d'amours). 『사랑의 신에게 보내는 서한』 Aus d. Mittelfranz. übers., eingel. und komm. von Maria Stummer. Graz: Leykam 1987.

Platon (플라톤): Sämtliche Werke. 『전집』 Frankfurt/M. - Leipzig: Insel 1991.

Plotin (플로티노스): Schriften (Enneaden). 『엔네아데스』 Band Va. Hg. und übers. von Richard Harder. Hamburg: Meiner 1960, 46 - 54.

Plutarch (플루타르코스): Dialog über die Liebe. Amatorius. 『사랑에 관한 대화. 아마토리우스』 Tübingen: Mohr Siebeck 2006.

Rousseau, Jean - Jacques (루소): Emile oder Von der Erziehung. Emile und Sophie oder Die Einsamen. 『에밀』 2. Aufl. München: Artemis & Winkler 1997.

_ : Julie oder Die neue Heloise. 『신엘로이즈』 3. Aufl. München: Artemis & Winkler 2003.

Ruprecht, Louis A. jr.: Symposia - Plato, the Erotic, and Moral Value. 『향연 - 플라톤, 에로틱 그리고 도덕적 가치』. New York: State University of New York Press 1999.

Sade, Donatien Alphonse François de (사드): œuvres. 『전집』 3 Bände. Hg. von Michel Delon. Paris: Gallimard 1990 - 1998.

Sappho (사포): Lieder. 『시집』 Hg. und übers. von Max Treu. 8. Aufl. München u. a.: Artemis & Winkler 1991.

Sartre, Jean-Paul (사르트르): Das Sein und das Nichts - Versuch einer phänomenologischen Ontologie. 『존재와 무』 Reinbek bei Hamburg: Rowohlt 1952 (1943).

Schopenhauer, Arthur (쇼펜하우어): Metaphysik der Geschlechtsliebe. 『성애의 형이상학』 In: ders.: Die Welt als Wille und Vorstellung II. Hg. von Ludker Lütkehaus. Zürich: Haffmans 1988 (1884), 616-660.

Smitmans-Vajda, Barbara (스밋맨스-바이다): Melancholie, Eros, Mußе-Das Frauenbild in Nietzsches Philosophie. 『멜랑콜리, 에로스, 한가로움』 Würzburg: Königshausen & Neumann 1999.

Sprenger, Jakob, und Heinrich (Kramer) Institoris (슈프렝어/크라머): Der Hexenhammer. 『성 바르톨로메오 축일』 Zum ersten Male ins Dt. übertr. und eingel. von J.W.R. Schmidt. Berlin: Barsdorf 1906.

Trevor-Roper, Hugh R. (트레버-로퍼): Der Aufstieg des christlichen Europa: 325-1492. 『그리스도교적 유럽의 상승: 325-1492』. Wien u. a.: Molden 1971.

Tullia d'Aragona (툴리아 다라고나): Dialog über die Unendlichkeit der Liebe. 『사랑의 무한성에 관한 대화』. Tübingen: diskord 1988.

Williamson, Margaret (윌리엄슨): Sappho's Immortal Daughters. 『사포의 불멸의 제자들』 Cambridge/Mass.-London: Harvard University Press 1995.

Winkler, John (윈클러): Der gefesselte Eros - Sexualität und Geschlechterverhältnis im antiken Griechenland. 『구속된 에로스-고대 그리스에서의 섹슈얼리티와 젠더관계』 München: dtv 1997.

인명 색인